庞德 诗歌精译

● 英 语 诗 歌 名 家 精 品 精 译 ●

[美]埃兹拉·庞德/著

王宏印 杨森 荣立宇/选译

U0362455

南开大学出版社

天津

图书在版编目(CIP)数据

庞德诗歌精译：英汉对照 /（美）埃兹拉·庞德著；
王宏印，杨森，荣立宇选译. —天津：南开大学出版社，
2022.11(2023.12 重印)
（英语诗歌名家精品精译）
ISBN 978-7-310-06312-3

Ⅰ. ①庞… Ⅱ. ①埃… ②王… ③杨… ④荣… Ⅲ.
①英语－汉语－对照读物②诗集－美国－现代 Ⅳ.
①H319.4:I

中国版本图书馆 CIP 数据核字(2022)第 199062 号

庞德诗歌精译
PANGDE SHIGE JINGYI

南开大学出版社出版发行
出版人:刘文华

地址:天津市南开区卫津路 94 号　　邮政编码:300071
营销部电话:(022)23508339　营销部传真:(022)23508542
https://nkup.nankai.edu.cn

天津创先河普业印刷有限公司印刷　全国各地新华书店经销
2022 年 11 月第 1 版　2023 年 12 月第 2 次印刷
210×148 毫米　32 开本　11.375 印张　2 插页　294 千字
定价:56.00 元

如遇图书印装质量问题,请与本社营销部联系调换,电话:(022)23508339

序言：三人行，必有我师

    《庞德诗歌精译》收入庞德诗歌 82 首，吾师王宏印先生译出 13 首，师妹杨森译出 33 首，师弟荣立宇译出 36 首。每首诗歌，均英汉对照，随后附"翻译说明"。这 82 首诗歌，可谓庞德诗歌之精选。

    众所周知，作为美国杰出诗人，庞德曾因翻译中国古诗而名噪一时，其诗歌创作也深受后者影响。因此，庞德与中国诗歌的关系，可谓剪不断理还乱。本书收录的庞德诗作，大概包括三类：庞德间接受到中国古诗影响的诗作，如"In a Station of the Metro"（《在地铁站》）等；庞德直接模仿中国古诗的诗作，如"After Ch'u Yuan"[《仿屈原（山鬼）》]等；庞德对中国古诗的译作，如"The River-Merchant's Wife: A Letter"（李白《长干行》的英译）等。如果说前两类是庞德的诗歌创作的话，第三类显然是其译作。在庞德时代，诗歌领域没有版权意识，庞德把他翻译的不少中国古诗，都收入自己的诗集出版，并未注明诗歌的作者，读者以为这些都是庞德自己的诗作。因此，本书名为《庞德诗歌精译》，而不是"庞德诗歌及译诗精译"，也就合情合理。

    这样一来，有的诗作就有意思了。比如前述庞德对李白《长干行》的英译"The River-Merchant's Wife: A Letter"，这首译诗曾经作为庞德的诗歌创作，在美国风靡一时，至今仍不乏魅力。本书将其翻译成汉语，实乃回译：《江畔商妇：一封家信》，大体直译，而成一首现代新诗。"翻译说明"写道："回译诗体现了原诗与译诗之间的一种调和，中道而行，双向建构，是方言表现、民间情节与文人创作的统一。"至于李白《玉阶怨》英译的回译，"译者将庞德的诗歌回译为汉语，采用了直译的策略，保留了庞德原诗的特点，通过长短不一的诗行形成与人体呼吸相一致的韵律，语言清新自然，哀而不伤"。

三位译者，均具诗人身份。因此，选诗精当之外，译诗质量，自然可以信赖。例如庞德意象派之杰作"In a Station of the Metro"（《在地铁站》），"按照当时排版的格式排出并进行翻译，但由于汉英语序不同，译诗的节奏和排列也有不同。……整首诗颇具有一幅中国水墨画的干枝梅的效果"。庞德此诗，早有各路名家之译文，然读到本书所译，不觉眼前一亮，叹服于译者之诗艺。有时，"原诗语气自然幽默，译诗中再现了这种语言风格。同时，译者在翻译中化用了古诗词中的一些表达，例如'东方既白''巧笑倩兮'，运用得当，可谓妙笔"（《眼睛》）。再如，"当热水用尽，或变得温吞"（《浴缸》）之"温吞"，"你支棱着你的花瓣"（《斗篷》），措语"支棱"等，首见而有惊喜之感。翻译之功用，不仅在传达原文之要义，也在译者之生花妙笔，为中文语言做出贡献，一如中文之作家诗人。译者云："例如'keep'st'，字典上的意思为'保持'，但是如照搬，就会造成翻译腔。译者将其译为'支棱着'，突出苦苦支撑之感和对死亡的抗拒。"（《斗篷》）

"翻译说明"是本书的重要组成部分，谈英诗格律，论汉诗用语；探句式结构，索诗形建制。颠倒诗行，改造韵脚，只为再现原诗之口吻，捕捉原诗之精神；钩沉考证，探赜索隐，只为融通中西之诗学，指涉翻译之原理。古诗，新诗，中诗，西诗，多有融合与贯通；直译，意译，仿译，创译，常见译者之用心。用散文诗性之语言写出，要言不烦，点到为止；由近及远，臻于上境。读者品之，可提升悟性，陶冶心灵矣。

读庞德英诗，读本书译诗，读"翻译说明"，三位而一体：如尝甘饴，如饮香茗，如品美酒。"英语诗歌名家精品精译"，诚而无欺也。

读着，品着，于燥热的氛围中，内心不觉淡定下来，在这刚刚立秋的日子里。

秋高。气爽。天空——辽远。

作为恩师的弟子，我们都在某个方向，向着导师靠近。

猛然间，觉得导师从未走远。

本书译者三人——三人行，必有我师焉。

> 自古逢秋悲寂寥，我言秋日胜春朝。
> 晴空一鹤排云上，便引诗情到碧霄。

谨以刘禹锡《秋词》中的名句，表达告慰导师的拳拳之心。

张智中

2022 年 8 月 8 日　立秋翌日

目 录

1

1. Song

Love thou thy dream
All base love scorning,
Love thou the wind
And here take warning
That dreams alone can truly be,
For 'tis in dream I come to thee.

1. 歌

爱你，你的梦
卑微的爱需看轻
爱你，一阵风
在此要提醒：
唯有梦最诚——
因为，我奔向你，在梦中。

（王宏印译）

【翻译说明】

小诗的要点在于轻灵醒透，所以词语不腻不滞，才是上品。译诗采用通韵，也是随意，不是着意为之。加一个破折号，可以在不经意间，起到独具一格的作用，正所谓小惠能全大体。

2. A Girl

The tree has entered my hands,
The sap has ascended my arms,
The tree has grown in my breast—
Downward,
The branches grow out of me, like arms.

Tree you are,
Moss you are,
You are violets with wind above them.
A child—so high—you are,
And all this is folly to the world.

2. 姑娘

树深入我的手，
液升上我的臂，
树长进我的胸膛——
向下，
枝叶纷披如手臂，出我体。

你是树，
你是苔，
你是风儿拂过的紫罗兰。
一个孩童——这么高——你
可这一切都被世界看作愚蠢。

（王宏印译）

【翻译说明】

树和人，要写成一体，具有象征意味。翻译的语言，也要注意二者兼顾，才能若即若离，不粘不脱，出于形似神似之间，方有可欣赏处。动词的变化，句法的一致，形成反差，使得这样的诗句不落窠臼、别具炉锤，不同于散文，而胜似散文。

3. Prometheus

For we be the beaten wands
And the bearers of the flame.
Our selves have died lang syne, and we
Go ever upward as the sparks of light
Enkindling all
'Gainst whom our shadows fall.

Weary to sink, yet ever upward borne,
Flame, flame that riseth ever
To the flame within the sun,
Tearing our casement ever
For the way is one
That beareth upward
To the flame within the sun

3. 普罗米修斯

因为我们是权杖
又是火焰的承受者。
我们自身早已死去，而我们
一直飞升向上，光闪闪
点燃一切
而我们的阴影落下。

厌倦了沉落，但承担飞升，
火焰，一直飞升的火焰，
直上太阳的光焰，
撕开我们的窗扉
开道为一
向上
直抵太阳的光焰。

（王宏印译）

【翻译说明】

以神话为题材的诗作，自然庄重而古雅，但古今神人之间形成光影反差，同时集中于上升和下降的反向运动；而突出火焰，直上太阳，具有象征意义。词语的错落，表达出崇高升华中的灵动，而语气的舒朗，呈现了诗歌意境的贯通。通体透明，是这首诗的要点，原作如此，译作亦神似。

4. In a Station of the Metro

The apparition   of these faces   in the crowd:
Petals   on a wet, black   bough.

April 1913

4. 在地铁站

人群中　　幽然浮现的　　一张张脸：
黝黑的湿　　树枝上　　一片片花瓣。

1913 年 4 月

（王宏印译）

【翻译说明】

这首诗基于诗人对巴黎一地铁站幽暗灯光下人丛中妇女面容的一种观察，是意象派的杰作，最初发表在《诗》(*Poetry*) 杂志上，现入选该刊 100 周年纪念诗歌百篇之首 (*The Open Door: 100 Poems, 100 Years of* Poetry *Magazine*)。这里按照当时排版的格式排出并进行翻译，但由于汉英语序不同，译诗的节奏和排列也有不同。就这首短诗而言，翻译要不失趣味，除了句长的控制与用词的讲究之外，量词、节奏和韵律当是不能忽视的要点。例如 apparition 具有阴森的浮现如鬼魅般的效果，也有模糊不清的意思，近乎于"幽然浮现"，这样又和下一句形容地铁的"黝黑"形成有趣的互文效果。整首诗意境与中国水墨画的干枝梅有异曲同工之妙。

5. A Pact

I make a pact with you, Walt Whitman—
I have detested you long enough.
I come to you as a grown child
Who has had a pig-headed father;
I am old enough now to make friends.
It was you that broke the new wood,
Now is a time for carving.
We have one sap and one root—
Let there be commerce between us.

5. 盟约

我和你订一个盟约，沃尔特·惠特曼——
我忌恨你久矣。
我来到你身边，如一个初长成人的孩子
他的父亲曾经是顽固不化；
如今我长大了，可以交朋友了。
是你，劈出了树桩，
现在，是做木雕的时候了。
我们是同根同宗——
让我们携手合作吧。

（王宏印译）

【翻译说明】

　　质朴而毫无粉饰的语言，需要一种更为准确的诗性的传达。翻译此诗宜重点考虑出句自然、流畅、达意而不必计较句子长短、韵律和落点。诗句基本上是散文化的日常生活语言，体现一种父子关系向朋友关系转化的语调，即，尊敬而又亲切，只有第二行用了古雅的说法，表达了深深的觉悟和悔恨的真实心情。此后，一切的转折就都顺理成章、水到渠成了。

6. A Virginal

No, no! Go from me. I have left her lately.
I will not spoil my sheath with lesser brightness,
For my surrounding air hath a new lightness;
Slight are her arms, yet they have bound me straitly
And left me cloaked as with a gauze of aether;
As with sweet leaves; as with subtle clearness.
Oh, I have picked up magic in her nearness
To sheathe me half in half the things that sheathe her.
No, no! Go from me. I have still the flavour,
Soft as spring wind that's come from birchen bowers.
Green come the shoots, aye April in the branches,
As winter's wound with her sleight hand she staunches,
Hath of the trees a likeness of the savour:
As white their bark, so white this lady's hours.

（1912）

6. 维金纳琴

别，别！请别靠近我。她片刻前方离我。
我不能卸下琴套，绽露给不充分的光华，
因为我的周围仍然洋溢着清新的气息；
她的玉臂细长，拥抱我太紧了些许，
好像有一层无形的轻纱包裹着我；
似绿叶芬芳，有一种妙不可言的欢娱。
哦，她的近亲，给我以无限的魅力，
而她的品质，大半已传递给了我。
别，别！别靠近我。我仍拥有她的香味儿，
轻柔如春风，从白桦林的树荫间飘然而至。
抽出新绿，哦，是的，是四月的嫩枝，
妙手回春，她把冬季的创伤治愈，
她的气息维系着白桦树的清纯：
那嫩白的肌肤，美人圣洁的时分。

（1912）

（王宏印译）

【翻译说明】

    这首诗以一种英国古代的琴为视角，描述自己刚刚被一位少女弹过，它不愿破坏美妙的回忆，所以拒绝了另一位琴手。而诗人把弹琴少女的形象想象成白桦树，柔枝环绕，肌肤嫩白，芬芳缭绕不绝；少女又如四月的春风，医治了诗人冬天的伤痛。所以翻译的时候，注意了语义的双关，言语在白桦树和美人之间游移不定，若即若离，妙不可言。诗分为两节，前八行偏于视觉印象，后六行偏于气味的感知，是一首暗含了感官觉知变化的十四行诗。

7. An Immorality

Sing for love and idleness,
Naught else is worth the having.

Though I have been in many a land,
There is naught else in living.

And I would rather have my sweet,
Though rose-leaves die of grieving,

Than do high deeds in Hungary
To pass all men's believing.

（1912）

7. 不伦

为爱与闲散而歌，
人生除此欲何求？

踏遍邦国人未老，
别无所愿在心头。

得一红颜知己足矣，
忍看玫瑰枯萎悲戚。

奥匈伟业今何在？
岂如赢得万众心！

（1912）

（王宏印译）

【翻译说明】

　　这首小诗的翻译是要造成一种小小的格言体，让人读之有所感悟，所以需照顾到哲理和深邃的抽象意义，不能只顾在字面上兜圈子。韵脚设计有些偶然，所以没有追求前后一致，而是前两节和后两节各自成韵，虽不尽如人意，也算别有神韵。标点的使用，则纯粹是出于表现语气的原因，甚至有点加强的感觉，反而应和了汉语一唱三叹的特长。就历史典故而言，"匈牙利"若单独译出，则不大可解，不如借助"奥匈帝国"，加以渲染，方成意趣。同理，标题的"不伦"，也是反语。

8. After Ch'u Yuan

I will get me to the wood
Where the Gods walk garlanded in wisteria,
By the silver blue flood
more others with ivory cars.
There come forth many maidens
to gather grapes for the leopards, my friend,
For there are leopards drawing the cars.

I will walk in the glade,
I will come out from the new thicket
and accost the procession of maidens.

8. 仿屈原（山鬼）

我要自己去林间
在那里众神身披薜荔，漫步于
银蓝色的水域边，
有的乘象牙车儿经过。
众女郎迎面而来，
采撷葡萄给纹豹，我的朋友，
纹豹是来拉车的。

我要漫步在泽边，
我要从树篱丛中走出来，
和行进中的女郎们搭讪。

（王宏印译）

【翻译说明】

这首《仿屈原》，似乎是《山鬼》的仿作。但诗人只是借助《山鬼》一诗的情景，抒发自己的感情。一个有神有人的山林泽国，也有纹豹在拉车。诗人自己从树丛中突然走出来，和女郎搭讪。翻译采用平和的语调、华美而艳丽的语词，表现一种明丽宁静而又充满活力的诗境。其中也借用《楚辞》中原有的词语，所以也有一点回译的味道。

9. The River-Merchant's Wife: A Letter

While my hair was still cut straight across my forehead
I played about the front gate, pulling flowers.
You came by on bamboo stilts, playing horse,
You walked about my seat, playing with blue plums.
And we went on living in the village of Chōkan:
Two small people, without dislike or suspicion.
At fourteen I married My Lord you.
I never laughed, being bashful.
Lowering my head, I looked at the wall.
Called to, a thousand times, I never looked back.

At fifteen I stopped scowling,
I desired my dust to be mingled with yours
Forever and forever, and forever.
Why should I climb the look out?

At sixteen you departed
You went into far Ku-tō-en, by the river of swirling eddies,
And you have been gone five months.
The monkeys make sorrowful noise overhead.

You dragged your feet when you went out.
By the gate now, the moss is grown, the different mosses,
Too deep to clear them away!
The leaves fall early this autumn, in wind.
The paired butterflies are already yellow with August

9. 江畔商妇：一封家信

那时我的额前剪着齐发，
常在门口玩耍，揪花。
你来，斜骑着竹竿，当作马，
绕着我的座位，弄我的青梅发髻。
就这样，我们一直住在长干村，
两个小人儿，无有猜忌和嫌弃。
十四岁我嫁给你，我的夫君，
因为害羞，从未开笑口。
低着头，我向着墙壁。
叫我一千回，也不回头顾。
十五岁，始展愁眉，
心想，我的骨灰要和你糅在一起，
永远，永远，永远不分离。
我何至于要登上瞭望台呢？
十六岁，你离家走了，
你远行瞿塘滟滪堆，那湍急的河边。
你离家已有五个月了，
天上传来猿的哀啼。
出门时你步履沉重，
门边，生出青苔，不一样的青苔，
浸染了石阶，总也扫不干净。
今秋在风中，叶落得早。
蝴蝶双飞与秋色同黄，

Over the grass in the West Garden,

They hurt me. I grow older.

If you are coming down through the narrows of the river Kiang,

Please let me know beforehand,

And I will come out to meet you,

As far as Chō-fū-Sa.

By Li Po

盘旋在西园草地上。
我心伤悲。人见衰老。
如果你从长江三峡回来，
请事先告知我。
我会前往迎接你，
直接你到长风沙。

（李白《长干行》回译）

（王宏印译）

【翻译说明】

这是一首翻译诗。但在国外的英文诗集中，庞德的这首诗也被当作创作诗来看待。他的翻译，实际上是在美国著名东方学家费诺罗萨用日语逐字翻译的基础上，经过诗人的再创作而成的。其中的许多文字处理，还带有日语的痕迹，例如，众多的地名都是从日语音译而来。不过，在能够描述的地方，诗人并没有忘记诗歌的责任，例如"你远行瞿塘滟滪堆，那湍急的河边"（You went into far Ku-tō-en, by the river of swirling eddies），这样的特点，也要在回译中显示出来。回译的难点，自然不是拘泥原文的困难（这一点我们已经接受了诗人的英译处理），而是在回译为汉语的时候，设法保持诗的意味。保持不足者，便要动用一点翻译的权利，为之添加一点点"作料"。例如，在三个连续的"Forever and forever, and forever"之后，略微添加"不分离"，就达到了"永远，永远，永远不分离"的效果，也即汉文化中"生死不离弃"的誓言效果。当然，在更多的时候，核心仍是词语和句法的选择，力求使作品诗句的融合，自然顺畅地达到一种古典诗歌的意境，而毫无人为斧凿之痕。例如："出门时你步履沉重，/门边，生出青苔，不一样的青苔，/浸染了石阶，总也扫不干净。/今秋在风中，叶落得早。/蝴蝶双飞与秋色同黄，/盘旋在西园草地上。/我心伤悲。人见衰老。"总之，回译诗体现了原诗与译诗之间的一种调和，中道而行，双向建构，是方言表现、民间情节与文人创作的统一。

附：长干行

李 白

妾发初复额，折花门前剧。
郎骑竹马来，绕床弄青梅。
同居长干里，两小无嫌猜。
十四为君妇，羞颜未尝开。
低头向暗壁，千唤不一回。
十五始展眉，愿同尘与灰。
常存抱柱信，岂上望夫台。
十六君远行，瞿塘滟滪堆。
五月不可触，猿声天上哀。
门前迟行迹，一一生绿苔。
苔深不能扫，落叶秋风早。
八月蝴蝶黄，双飞西园草。
感此伤妾心，坐愁红颜老。
早晚下三巴，预将书报家。
相迎不道远，直至长风沙。

10. The Tree

I stood still and was a tree amid the wood,
Knowing the truth of things unseen before;
Of Dephne and the laurel bow
And that god-feasting couple old
That grew elm-oak amid the wold.
'Twas not until the gods had been
Kindly entreated, and been brought within
Unto the hearth of their heart's home
That they might do this wonder thing;
Nathless I have been a tree amid the wood
And many a new thing understood
That was rank folly to my head before.

（1908）

10. 树

我寂静地站着，便是林中一棵树，
懂得以前未曾见过的事物的真相；
了解达芙妮和月桂枝
还有神仙聚会的老伴侣
在荒芜之地养大的榆树-橡树。
直到神仙被善待，膜拜，内化，
被置于其心灵家园的炉前，
他们就一直在做这样奇妙的事儿；
然而，我曾是一棵林中树
懂得许多新鲜事儿
那在以前被列入我头脑中的傻事儿。

（1908）

（王宏印译）

【翻译说明】

这首诗标题为《树》，其实写了神灵和人的关系，具有深刻的隐喻和象征意味。一首诗充满哲理和意象，娓娓道来，并无韵脚的要求，仍然是一首诗。翻译本此，只是由于汉语的简练，比原诗少一行，但若将相关诗句隔断，则有两个半行在中间，使连贯的节奏被阻断，也与前后句结构不符，故而在润色时不做变动，一仍其旧。

11. The Return

See, they return; ah, see the tentative
Movements and the slow feet,
The trouble in the place and the uncertain
Wavering!

See, they return, one, and by one,
With fear, as half-awakened;
As if the snow should hesitate
And murmur in the wind,
and half turn back;
These were the "Wing'd-with-Awe,"
Inviolable.

Gods of the wingèd shoe!
With them the silver hounds,
sniffing the trace of air!
Haie! Haie!
These were the swift to harry;
These the keen-scented;
These were the souls of blood.

Slow on the leash,
pallid the leash-men!

（1912）

11. 归来

瞧，他们归来啦；啊，瞧
移动迟疑，行道迟迟，
步态犹豫，犹疑
摇晃不已！

瞧，他们归来啦，一个，一个，
心怀恐惧，似睡似醒；
似乎雨雪也迟疑
在风中喃喃自语，
回首及半；
这便是"展翼复敬畏"
凛然不可侵。

神灵，插翅的飞鞋！
银犬在前后伴随，
嗅着足迹的气味！
美孩儿！美孩儿！
这就是迅疾归忧烦；
这就是香气刺鼻；
这就是嗜血的灵魂。

缓缓地，被缰绳牵着，
有气无力的被牵人！

（1912）

（王宏印译）

【翻译说明】

庞德翻译过中国的《诗经》，其中的《小雅·采薇》第六章，写了戍士归来的情景和情绪，成为千古名句，庞德不可能不记得："昔我往兮，杨柳依依；/今我来思，雨雪霏霏；/行道迟迟，载渴载饥；/我心伤悲，莫知我哀。"想必这首《归来》是受其启发而创作也未可知。其中第一节的"行道迟迟"、第二节的"雨雪"，都有零散的古诗痕迹可寻。只是在后半部分，描写了有前后猎犬追随的场景，特别是结尾处，进一步将人比喻为被缰绳牵着的动物，深刻地揭露了战争的残酷和人类命运的悲哀。庞德的古诗英译自然难以照顾到汉语的词句，只是在理解和表现时受古诗意象原型启发而已。

12. April

Nympharum membra disjecta

Three spirits came to me
And drew me apart
To where the olive boughs
Lay stripped upon the ground:
Pale carnage beneath bright mist.

（1916）

12. 四月

残肢

三个幽灵向我走来
将我撕裂，抛弃
那里是橄榄枝
被剥皮，弃卧于地：
光天白雾遮盖了惨白的杀戮。

（1916）

（王宏印译）

【翻译说明】

　　强烈的意象，惨烈的画面，深刻的思想，给人以思想冲击和希腊悲剧般的力量感。译诗的问题是不能依照英语原来的介词短语关系按序排列，只好分开处理，但又要保持原来的英文顺序，不能将其回归常态，否则会失去艺术的突兀感和新鲜感。至于表达力量和惨烈的词，中文原不缺少，所以，像"撕裂、抛弃、剥皮"这样的单词，"弃卧于地、光天白雾、惨白的杀戮"这样的组合，尤其是"光天白雾"（"光天化日"和"白雾弥漫"的缩合），强化了原诗中看似不合常理的意象所包含的喻隐。

13. The Coming of War: Actaeon

An image of Lethe,
*   and the fields*
Full of faint light
*   but golden,*
Gray cliffs,
*   and beneath them*
A sea
Harsher than granite,
*   unstill, never ceasing;*
High forms
*   with the movement of gods,*
Perilous aspect;
*   And one said:*
"This is Actaeon."
*   Actaeon of golden greaves!*
Over fair meadows,
Over the cool face of that field,
Unstill, ever moving
Host of an ancient people,
The silent cortège.

(1916)

13. 战争的来临：阿卡狄翁①

忘川意象，
　　战场
昏暗的光线
　　金光，
灰色岩壁，
　　其下
海
汹涌胜似花岗岩，
　　激励，不息；
高耸的形象
　　神灵的运动
凶险之际；
　　有人说：
"此乃阿卡狄翁。"
　　　阿卡狄翁，金色的碎渣！
在美丽的草地上，
在战场冷酷的面庞上，
激励，不息
一个古代民族的浩荡队伍，
沉默的送殡行列。

（1916）

（王宏印译）

---

① 阿卡狄翁：希腊神话中的猎人，因狩猎时闯入月亮女神阿耳忒弥斯林中沐浴之地，被变成雄鹿，并被他自己的猎犬撕成碎片。这首诗只是借用此名，或许隐含了战争的自食其果的结局。

【翻译说明】

诗人以现代雕塑一般的画面来描写战争，同时借助神话，使作品具有古代的原始味道和现代艺术的造型效果。环境、形象和意境，在一瞬间，全出，英雄膜拜与死亡隐喻，苍凉而悲壮。此诗的译作，语句大都依据原作进行分隔排列，但有时候翻译的要旨，在于宁愿断裂而不连贯，宁愿突兀而不平淡，如此方显出文字之外句式的力量。

14. The White Stag

I ha' seen them 'mid the clouds on the heather.
Lo! they pause not for love nor for sorrow,
Yet their eyes are as the eyes of a maid to her lover,
When the white hart breaks his cover
And the white wind breaks the morn.

"'Tis the white stag, Fame, we're a-hunting,
Bid the world's hounds come to horn!"

14. 白鹿

我曾见它们，在石楠丛，在云间。
哦，它们停驻，不为爱情，亦不是因为悲伤，
当白色的风吹破晨晓
白鹿从藏身处冲出，
它们的眼眸如同少女，望着情郎。

"这便是我们所追逐的白鹿——名利，
吹响号角吧，将全世界所有的猎狗召集"

（杨森译）

【翻译说明】

　　意象是诗歌的灵魂。在这首诗的翻译中，白鹿意象的诗意再现尤为重要。翻译中译者除了将 when 引导的从句提前，以符合中文的行文习惯之外，其他各处基本遵照原句的顺序译出，只是在必要的地方做了增译处理。例如将 "Yet their eyes are as the eyes of a maid to her lover" 译为"它们的眼眸如同少女，望着情郎"，就增添了"望着"。同时，增加标点将原句分成流水小句也是本诗翻译的一个特点。如此做法结合不经意的韵脚（悲伤，情郎）、双声（如冲出），形成了诗歌的音乐感。

15. The Eyes

Rest Master, for we be a-weary, weary
And would feel the fingers of the wind
Upon these lids that lie over us
Sodden and lead-heavy.

Rest brother, for lo! The dawn is without!
The yellow flame paleth
And the wax runs low.

Free us, for without be goodly colours,
Green of the wood-moss and flower colours,
And coolness beneath the trees.

Free us, for we perish
In this ever-flowing monotony
Of ugly print marks, black
Upon white parchment.

Free us, for there is one
Whose smile more availeth
Than all the age-old knowledge of thy books:
And we would look thereon.

15. 眼睛

休息吧，主人，我们倦了，倦了
风的手指拂过眼睑
眼睑压在我们上面
湿重如铅。

休息吧，兄弟，哦，东方既白！
蜡炬已成灰，
火焰已黯淡。

解放我们吧，外面正五色斑斓
绿的林苔，缤纷的花朵，
还有树下的清凉。

解放我们吧，在这无尽的单调的，
黑纸白字间，丑陋的印刷符号间，
我们要死了。

解放我们吧，有位佳人
巧笑倩兮，胜过
你这些书中所有古老的知识，
我们要去看看。

（杨森译）

【翻译说明】

这首诗一共五节，前两节以"Rest Master"和"Rest brother"开头，后三节以"Free us"开头，这种重复构成了节与节之间的联系。因此在翻译的过程中，要注意保持这种重复，不要擅作改动，以免破坏原诗的结构和整体感。另外，这首诗以拟人化的"眼睛"的口吻写成，规劝诗人不要沉迷于故纸堆，而是要多去关注自然、鲜活的人和生活，体现了庞德的诗学主张。原诗语气自然幽默，译诗中再现了这种语言风格。同时，译者在翻译中化用了古诗词中的一些表达，例如"东方既白""巧笑倩兮"，运用得当，可谓妙笔。

16. FRANCESCA

You came in out of the night
And there were flowers in your hands,
Now you will come out of a confusion of people,
Out of a turmoil of speech about you.

I who have seen you amid the primal things
Was angry when they spoke your name
In ordinary places.
I would that the cool waves might flow over my mind,
And that the world should dry as a dead leaf,
Or as a dandelion seed-pod and be swept away,
So that I might find you again,
Alone.

16. 弗朗西斯卡

你曾从暗夜中走来
手里拿着鲜花
如今,你将从迷离的人群中走出
走出关于你的流言蜚语

我曾见你,身处最重要的事物之中
所以,我怒不可遏,当他们说起你的名字
在庸常的地方。
我愿清凉的海浪流过我的心田
我愿世界枯黄如一片秋叶
或化作蒲公英的种子,被风吹起
如此,我方可再次找到你
一个人。

(杨森译)

【翻译说明】

在这首诗的翻译中，值得注意的是，对"I would that the cool waves might flow over my mind,/And that the world should dry as a dead leaf,/Or as a dandelion seed-pod and be swept away,"三行诗的翻译。这三行诗以虚拟语气写出了诗人的愿望，因此在译成中文的时候，可以使用"我愿……"开头的排比句，体现出诗人感情的层层递进。

在现代诗中我们常常会见到这种句式，例如裴多菲的《我愿是急流》；还有王洛宾《在那遥远的地方》中也出现了这类句式的反复（我愿抛弃了财产，跟她去放羊……我愿做一只小羊，坐在她身旁……我愿她拿着细细的皮鞭，不断轻轻打在我身上……），这类修辞手法表达了诗人某种执着深挚的感情。因此要做好诗歌的翻译，平时要多多阅读经典的现代诗，培养对于诗歌艺术的领悟力、鉴赏力。

17. Speech for Psyche in the Golden Book of Apuleius

All night, and as the wind lieth among
The cypress trees, he lay,
Nor held me save as air that brusheth by one
Close, and as the petals of flowers in falling
Waver and seem not drawn to earth, so he
Seemed over me to hover light as leaves
And closer me than air,
And music flowing through me seemed to open
Mine eyes upon new colours.
O winds, what wind can match the weight of him!

17. 代普赛克语①

一整夜，他躺着，
像风栖于柏树间，
或将我抱着，如空气拂过肌肤般
亲近，如同飘散的
似乎没有落向地面的花瓣般颤抖，他
似乎旋于我之上，轻如叶，
比空气更亲近，
音乐在我的体内流淌，我的眼睛
似乎看到了新的颜色。
哦，风啊，什么样的风可以如他般轻盈！

（杨森译）

---

① 原诗的标题中还有"in the Golden Book of Apuleius"的限定成分。其中，Apuleius，中文译为阿普列乌斯，古罗马作家，一生著述丰厚，对哲学、历史、自然科学、文学等皆有涉猎。而 the Golden Book 指的是他的代表作 *The Golden Ass*（《金驴记》）。这部作品表现了他丰富的想象力，颇具浪漫情调，在文艺复兴时期流传甚广，对近代欧洲小说影响巨大。诗中涉及的就是《金驴记》中所记载的普赛克（Psyche）和爱神丘比特之间的爱情故事。由于这个故事是希腊神话中的经典故事，所以这个限定成分并不是十分必要。译诗中为避免标题过长，选择将其去掉。

【翻译说明】

　　普赛克和爱神丘比特之间的爱情是希腊神话中非常美丽又带有遗憾结局的一个故事。爱神丘比特爱上了罗马国王美丽善良的小女儿普赛克。他们在一起度过一段非常甜蜜的时光。不过，每天爱神丘比特都在夜晚到来，并且不允许普赛克看到他的样子。诗中，诗人以普赛克的口吻描述了爱人丘比特。因为故事的女主无法看到自己恋人的容貌，所以这首诗不同于其他的诗，是从触觉的角度写的，读来颇具新意。亲近感和轻盈感是诗中意象的核心，要准确地再现。同时折行也是原诗的一个重要特点。在现代派诗歌中，折行常常有表示时间的延续、强调等作用，所以在翻译的时候要尽量保留。

　　　　　　　　以上译自 *Personae of Ezra Pound*（*1908,1909,1910*）

18. N.Y.

My City, my beloved, my white! Ah, slender,
Listen! Listen to me, and I will breathe into thee a soul.
Delicately upon the reed, attend me!

Now do I know that I am mad,
For here are a million people surly with traffic;
This is no maid.
Neither could I play upon any reed if I had one.

My City, my beloved,
Thou art a maid with no breasts,
Thou art slender as a silver reed.
Listen to me, attend me!
And I will breathe into thee a soul,
And thou shalt live for ever.

18. 纽约

我的城市，我的挚爱，我的白色！哦，
纤细窈窕，
听！请听我说，我会向你的体内吹入
一个灵魂，轻柔地
就像吹入一根苇管，听我说！

此刻我知道我疯了，
因为眼前车水马龙，人流如织；
却不见少女的踪影。
倘若我有苇管，我也无法吹奏出一首歌。

我的城市，我的挚爱啊，
你是平胸的少女，
你比银色的苇管更加纤细。
听我说，听我说！
我会向你的体内吹入一个灵魂，
你将永世长存。

（杨森译）

【翻译说明】

　　《圣经·创世记》中写道:"耶和华神用地上的尘土造人,将生气吹在他鼻孔里,他就成了有灵的活人,名叫亚当。"(创2:7)正是有了这气息,人就有了灵性。诗中,诗人自比上帝,向城市的"体内"吹入一个灵魂,令其不朽。而他所吹入的,实际上是诗歌、艺术。那么,他是怎么将灵魂吹入城市体内的呢?是通过"reed"。这个意象在这首诗中很重要。一者,它意为"芦苇"。芦苇中空,确实可以吹奏出乐曲。二者,在思想史上,芦苇具有独特的文化内涵。法国思想家帕斯卡(Pascal)有一句名言:"人是一根有思想的芦苇。"而诗中也有将人和芦苇作比较的诗句——"Thou art slender as a silver reed"。其三,诗人将纽约比作少女,少女的意象、芦苇的意象,又令我们不由得想起《诗经》的《邶风·静女》——"静女其娈,贻我彤管"。而对这"彤管"的一种解释就是涂了红漆的乐器,如箫笛之类。所以翻译的时候可将"reed"一词翻译为"苇管"。对这些互文的分析,有利于我们更好地理解诗歌,从而更好地传译诗之灵魂。

19. The Cloak

Thou keep'st thy rose-leaf
Till the rose-time will be over,
Think'st thou that Death will kiss thee?
Think'st thou that the Dark House
Will find thee such a lover
As I? Will the new roses miss thee?

Prefer my cloak unto the cloak of dust
'Neath which the last year lies,
For thou shouldst more mistrust
Time than my eyes.

19. 斗篷

你支棱着你的花瓣，
直到花季过去，
你在想死亡会将你亲吻吗？
你在想冥府是否会有人爱你
如我一般？新发的玫瑰是否会将你思念？

我宁将斗篷扔到尘土之上，
尘土之下埋葬着经年，
你不该怀疑时间，
胜过我的双眼。

（杨森译）

【翻译说明】

这是一首以死亡为主题的诗歌，颇具哲理，耐人寻味。在翻译时，尤其要注意选词炼字。例如"keep'st"，字典上的意思为"保持"，但是如照搬，就会造成翻译腔。译者将其译为"支棱着"，突出苦苦支撑之感和对死亡的抗拒。还有"the last year"译为"经年"，相比"去年"更具文学性。

20. Δώρια

Be in me as the eternal moods
   of the bleak wind, and not
As transient things are—
   gaiety of flowers.
Have me in the strong loneliness
   of sunless cliffs
And of grey waters.
      Let the gods speak softly of us
In days hereafter,
      The shadowy flowers of Orcus
Remember Thee.

20. 礼物

请留在我心间，就像永恒的情绪
萧瑟的风一般的，而不是
稍纵即逝——
如花朵的喧嚣。
请将我留在深沉的孤独里
就像没有太阳的悬崖
就像灰色的水流。
在此后的日子里
让众神轻柔地将我们说起
奥尔刻斯①的花影
会将你铭记。

（杨森译）

---

① 奥尔刻斯（Orcus）：罗马神话中的冥神。

【翻译说明】

这首诗的另一个题目是 Doria，最早于 1912 年发表在 *The Poetry Review*（《诗歌评论》）上，据说是庞德写给后来成为他的妻子的女友多萝西·莎士比亚（Dorothy Shakespear）的。Doria 和 Dorothy 相近，意为"礼物"，一语双关，暗指多萝西如同上天的礼物。这首诗融合了神话的场景及其引发的超然、浪漫的愿望，隽永而耐人寻味。原诗中多用含有"s"的词语，如"moods""things""flowers""loneliness""sunless cliffs""waters""gods speak softly of us""days""flowers of Orcus"，给人以娓娓道来的神秘之感。译诗采用以"i"结尾的不规则尾韵（如"在此后的日子里/让众神轻柔地将我们说起/奥尔刻斯的花影/会将你铭记"），同样达到类似效果。

21. Sub Mare

It is, and is not, I am sane enough,
Since you have come this place has hovered round me,
This fabrication built of autumn roses,
Then there's a goldish colour, different.

And one gropes in these things as delicate
Algæ reach up and out, beneath
Pale slow green surgings of the underwave,
'Mid these things older than the names they have,
These things that are familiars of the god.

21. 水下

似是，而非，我足够清醒，
自从你来，这个地方便在我周围环绕，
它由秋天的玫瑰编织而成
带着一点儿金色，一些不同。

一个人在这些事物中摸索前行，脆弱的
痛苦女神欧葛伊尔向着天空张开了手臂，脚下
冥河的水苍白，发绿，缓慢地涌动，
这些事物比他们的名字更加古老
这些事物于神司空见惯。

（杨森译）

【翻译说明】

这首诗借用了希腊神话中的人物来表达现代人生活的痛苦和困境。"Algæ"是希腊神话中的痛苦女神，译者在音译其名的同时进行了文内加注，有助于读者的理解。"Pale slow green surgings of the underwave"这句诗是对冥河水的描写，包含了三个修饰词。译者将三个修饰词分为两类，即表现河水颜色的"苍白，发绿"和表现水流速度的"缓慢"，然后进行顺序上的重组，将原诗中名词短语转化为了译诗中的句子，从而更加符合中文的表达习惯，令意象更加清晰。

22. The Plunge

I would bathe myself in strangeness:
These comforts heaped upon me, smother me!
I burn, I scald so for the new,
New friends, new faces,
Places!
Oh to be out of this,
This that is all I wanted
—save the new.

And you,
Love, you the much, the more desired!
Do I not loathe all walls, streets, stones,
All mire, mist, all fog,
All ways of traffic?
You, I wold have flow over me like water,
Oh, but far out of this!
Grass, and low fields, and hills,
And sun,
Oh, sun enough!
Out, and alone, among some
Alien people!

22. 投入

我要将自己浸入到陌生的水域：
这些舒适感在我身上堆积，令我无法呼吸！
我燃烧，我将自己烫伤，只为了追求新的东西，
新的朋友，新的面孔，
新的地方！
哦，我要出去，
这便是我想要的全部
——唯有新的东西。

还有你，
爱，我最想要的，我最渴望的！
我厌恶所有的围墙，街道，石头，
所有的泥坑，迷雾，所有的雾，
四面八方的车辆。
而你，我愿你从我身上淌过，如水一般淌过，
哦，但是一定要远离这里！
青草，低处的田地，还有山峦，
还有太阳，
哦，有太阳就够了！
我要出去，独自地，置身于
陌生的人群之中！

（杨森译）

【翻译说明】

波德莱尔（Baudelaire）最早提出了现代性的概念来描述现代社会区分于以往社会的特征，即"短暂的、飞逝的、偶然的"。而庞德这首诗中所表达的对陌生的、新的东西的渴望正是其现代性的体现。在读这首诗的时候，我们可以明显感到诗人强烈的渴望，到了嘶吼几近"嚎叫"的程度。在译诗中保持这种充沛的情感是这首诗翻译的重点。为此，译者做了一些增译处理。如第一节第三行"I burn, I scald so for the new"译为"我燃烧，我将自己烫伤，只为了追求新的东西"，增加了"只"，起到了强调的作用；第一节第五行"Places"译为"新的地方"，与前面的"新的朋友，新的面孔"衔接，构成排比；第二节第3—5行改为了陈述句，增加了肯定的语气。

23. Pan Is Dead

"Pan is dead. Great Pan is dead.
Ah! Bow your heads, ye maidens all,
And weave ye him his coronal."

"There is no summer in the leaves,
And withered are the sedges;
How shall we weave a coronal,
Or gather floral pledges?"

"That I may not say, Ladies.
Death was ever a churl.
That I may not say, Ladies.
How should he show a reason,
That he has taken our Lord away
Upon such hollow season?"

23. 潘神①死了

"潘神死了。伟大的潘神死了。
啊！你们所有这些少女啊，请低头致意，
并为他编织一个花环。"

"树叶中没有夏天，
莎草也已枯萎；
我们该如何编织花环，
如何采集花朵的誓言？"

"女士们，或许我不该说
死神就是个恶棍。
或许我不该说，女士们，
他无论如何都要给出个理由
为何在这样一个空虚的季节
将我们的上帝带走？"

（杨森译）

---

① 潘神是一位半人半羊的神，他有人的上肢及上半身，头上有长耳朵和两个角，他下半身及腿和脚则是羊。潘神住在森林中，保护牧人、猎人以及牲畜，是山林田野之神。潘（Pan）这个词源于古希腊语中的 pas，原意是"一切""全部的"，所以潘神被认为是宇宙的象征，是自然的化身。潘神是希腊神话中唯一死去的神。根据著名的古希腊历史学家普鲁塔克（Plutarch）记载，一位名叫泰姆斯（Thamus）的埃及水手航海去往意大利。途经希腊群岛时，他听到一个神圣的声音喊他的名字并告诉他："伟大的潘神已经死了！"这名水手到达了港口之后便向人们宣布了这个消息，从此潘神已死的故事便迅速传播开来。虽然在普鲁塔克的著作中并未提及潘神是如何死去的，但是这个故事广为流行。他的死代表了奥林匹斯山上众神的衰落以及一个多神的、崇拜自然的、古老的、更加自由的时代的终结。

【翻译说明】

在欧洲的文学艺术作品中，潘神之死是个永恒的题材。无数的艺术家都表达了对这一事件的悲恸之情。尼采在《悲剧的诞生》中写道："……'伟大的潘死了！'同样地，现在整个希腊世界都响起一种痛苦的哀叫声：'悲剧死了！诗歌本身也随之消失了！……'"（尼采，2017：97）而庞德的这首诗表达的也是类似的主旨。它是由那个神圣的声音和"maidens"（可推测为山林水泽的小仙女或曰宁芙）之间的对话组成的，形成了一个微型的诗剧的格局。翻译时需要注意的是口语入诗的问题。例如"Pan is dead"译为"潘神死了"。读者可以将"死了"和"死去了"或者其他表示死亡的词语相比较，会发现现代派诗歌中使用口语带来的力量感。正如王家新在分析穆旦的《悼念叶芝》一诗的翻译中所指出的，"'你像我们一样蠢；可是你的才赋/却超越这一切'一句的翻译中'蠢'字多么直接，又是多么富有自省的勇气"（王家新，2017：90）。因此，如何锤炼口语，"将口语化表达上升为文学语言，诗化语言"（王宏印语），无论是对于现代派诗歌的创作还是翻译，都是极为重要的。

24. The Picture[①]

The eyes of this dead lady speak to me,
For here was love, was not to be drowned out.
And here desire, not to be kissed away.

The eyes of this dead lady speak to me.

---

① *Venus Reclining*, by Jacopo del Sellaio (c.1442—1493).

24. 那幅画①

这个死去的女人的眼睛在向我诉说，
里面饱含着爱，无法熄灭。
里面饱含着欲，无法以吻封缄。

这个死去的女人的眼睛在向我诉说。

（杨森译）

---

① 指的是雅各布·德·塞拉伊奥（约 1442—1493）所画的《半躺着的维纳斯》。

【翻译说明】

　　诗歌与视觉艺术的关系渊源有自。在西方，古希腊时期的西蒙尼德斯（Simonides）就提出了"诗是有声画，画是无言诗"的观点，中国古代亦有"诗画一律"和"左图右史"的说法。而到了现代，诗歌与视觉艺术更是实现了深度的融合，在创作理念上互相影响。这首诗便体现了视觉艺术对庞德诗歌创作的影响。绘画引导着他的诗歌走向精确。诗中描绘了女人眼睛中饱含的复杂的情感，短短四行诗让人感到意味无穷。翻译中，要注意第 2、3 行是结构相同的句子，译为中文时不要打乱这种平行结构。

25. Of Jacopo Del Sellaio

This man knew out the secret ways of love,
No man could paint such things who did not know.
And now she's gone, who was his Cyprian,
And you are here, who are "The Isles" to me.

And here's the thing that lasts the whole thing out:
The eyes of this dead lady speak to me.

25. 关于雅各布·德·塞拉伊奥

这个人洞悉爱的种种隐秘的方式，
否则，不可能画出这些作品。
如今她走了，他的生于塞浦路斯的神，
而你在此，于我仿佛是"岛屿"本身。

自始至终都有这样一件事：
这个死去的女人的眼睛在向我诉说。

（杨森译）

【翻译说明】

这首诗和前面那首是一脉相承的，前面那首写的是画，这首则将注意力放在了画家身上。短短的六行诗中，出现了六处指代："This man""she""his Cyprian""you""The Isles""this dead lady"。厘清其中的具体所指和关系是理解这首诗的一个关键，有助于确保译诗中诗句之间的逻辑衔接。例如第 3 行，"And now she's gone, who was his Cyprian"，这里的"she"根据这幅画的题目《半躺着的维纳斯》（*Venus Reclining*）可推测为"维纳斯"，而维纳斯生于塞浦路斯岛，所以"his Cyprian"就要翻译成"他的生于塞浦路斯的神"，而非"他的塞浦路斯人"；第四行中的"The Isles"与第三行的"塞浦路斯（岛）"相呼应，因此在翻译的时候，译者增加了"本身"一词，以体现其中的衔接和照应。

以上译自 *Ripostes (1912)*

26. The Garret

Come, let us pity those who are better off than we are.
Come, my friend, and remember
that the rich have butlers and no friends,
And we have friends and no butlers.
Come, let us pity the married and the unmarried.

Dawn enters with little feet
like a gilded Pavlova
And I am near my desire.
Nor has life in it aught better
Than this hour of clear coolness,
the hour of waking together.

26. 阁楼

来，让我们同情那些比我们富有的人。
来，我的朋友，请记住
富人有管家没有朋友，
而我们有朋友没有管家。
来吧，让我们同情那些已婚的和未婚的人。

黎明踮着脚尖进来
如同一个周身金色的芭蕾舞女，
我的情欲纷纷。
人生之中没有什么时刻
堪比此刻，明朗清凉
我们一同醒来。

（杨森译）

【翻译说明】

黎明到来的时刻是很多诗人歌咏的对象。美国诗人艾米丽·迪金森（Emily Dickinson）曾有一首诗《不知黎明何时来到》（"Not knowing when the Dawn will come"），诗中对于黎明到来的方式提出了疑问，并给出了自己的猜想：

Not knowing when the Dawn will come,

I open every Door,

Or has it Feathers, like a Bird,

Or Billows, like a Shore—

在庞德的这首诗中，他将黎明的到来比作芭蕾舞女的出场，"黎明踮着脚尖进来/如同一个周身金色的芭蕾舞女"，意象非常美，令人想起印象派画家德加（Edgar Degas）的画作。其中 Pavlova 指俄罗斯舞蹈演员安娜·帕夫洛娃（Anna Pavlova），她于 1910 年访问过伦敦并有表演。庞德认为帕夫洛娃的舞姿赢得了无数人的心，她本人也可以被视为无韵诗的一个意象。（蒋洪新，2014：138）译者在翻译中采用了一般化的处理，舍弃了舞蹈演员的名字，译为"芭蕾舞女"，在不影响意象的再现的前提下，更加方便阅读。另外，"I am near my desire"一句的翻译，与其直译为"我接近我的欲望"，译者化用了木心诗的篇名《我纷纷的情欲》，将其译为"我的情欲纷纷"，增加了表达的文学性和诗意。

27. The Spring

ἦρι μὲν αἵ τε Κυδώνιαι—Ibycus

Cydonian Spring with her attendant train,
Maelids^① and water-girls,
Stepping beneath a boisterous wind from Thrace,
Throughout this sylvan place
Spreads the bright tips,
And every vine-stock is
Clad in new brilliancies.
And wild desire
Falls like black lightning.
O bewildered heart,
Though every branch have back what last year lost,
She, who moved here amid the cyclamen,
Moves only now a clinging tenuous ghost.

---

① Maelid, 神话中的苹果女仙。（译者注）

27. 春

（希腊语）"春天，克里特岛的榅桲生长"——伊比库斯①

克里特岛的春神带着她的一众随从，
苹果女仙和水泽女仙们，
款款而行，头上是从色雷斯吹来的雀跃的风，
她穿过这片林地
点石成金
每条树藤
都熠熠生辉。

狂野的欲望
如黑色的闪电纷纷坠落。
哦，迷惘的心啊，
虽则对于每根树枝而言，去年失去的，
今年又回来了，而她，在这些仙客来间走动
的她如今却只是一个恋恋不舍的缥缈的鬼魂。

（杨森译）

---

① 伊比库斯（Ibycus），古希腊诗人，活跃于公元前 6 世纪。题记中引用的是伊比库斯诗第 286 首的第一行。

【翻译说明】

这首诗写春天，但是却呈现出了两种不同的色调。第1—7行是古典的：春神带着一众女仙款款而行，风是雀跃的，树藤熠熠生辉，色调是金色的、暖的，令人不觉想起波提切利（Botticelli）的画；而第8—13行则笔风一转，描绘了一个现代派风格的春天，有狂野的欲望、迷惘的心，并包含了现代派诗歌中常见的意象，如黑色、鬼魂等。翻译时要把握住每种风格的春天的基调。同时，译者选择了汉语成语"点石成金""熠熠生辉"来翻译"Spreads the bright tips"和"Clad in new brilliancies"，不输文采又恰到好处。

28. Dance Figure

For the Marriage in Cana of Galilee

Dark eyed,
O woman of my dreams,
Ivory sandaled,
There is none like thee among the dancers,
None with swift feet.

I have not found thee in the tents,
In the broken darkness.
I have not found thee at the well-head
Among the women with pitchers.

Thine arms are as a young sapling under the bark;
Thy face as a river with lights.

28. 舞者

——为加利利迦拿的婚筵所作①

深色眼睛的，

哦，我的梦中情人啊，

穿着象牙色的凉鞋，

在众舞者中，你无人可比，

无人如你，舞步蹁跹。

我不曾见你在帐篷里，

在破碎的黑暗中。

我不曾见你在泉源

在手持水罐的女人中间。

你的手臂就像树皮下稚嫩的枝干；

你的脸庞像河流，映着灯盏。

---

① 加利利，地名，为巴勒斯坦北部一多山地区；迦拿，地名，为巴勒斯坦北部一村庄。
这里是一处用典，出自《圣经·约翰福音》："第三日，在加利利的迦拿有娶亲的筵席……"（约
2：1）在那里，耶稣第一次行神迹，将水变成了酒。除此之外，诗中其他地方也涉及了《圣经》
中的典故。如"手持水罐的女人"（第9行）很容易让我们联想到《圣经·创世记》中的利百
加（创24：10—21）；而"长在河边的树"则似乎对应《圣经·诗篇》中的"他要像一棵树栽
在溪水旁"（诗1：3）。

White as an almond are thy shoulders;
As new almonds stripped from the husk.
They guard thee not with eunuchs;
Not with bars of copper.

Gilt turquoise and silver are in the place of thy rest.
A brown robe, with threads of gold woven in patterns,
hast thou gathered about thee,
ONathat-Ikanaie, "Tree-at-the-river."

As a rillet among the sedge are thy hands upon me;
Thy fingers a frosted stream.

Thy maidens are white like pebbles;
Their music about thee!

There is none like thee among the dancers;
None with swift feet.

白如杏仁的，是你的肩膀；
就像刚刚脱了壳的杏仁。
他们并不让宦官将你看护；
亦不将你关进铁栏。

你休憩的地方满是镀金的绿松石和银饰，
你将一条绣满金线织就的图案的棕色的长裙，
裹在身上，
哦，Nathat-Ikanaie[1]，"长在河边的树"[2]。

就像莎草里的小河你抚摸我的手
你的手指宛若一条蒙霜的溪流。

你的侍女们就像白色的鹅卵石；
她们演奏音乐将你环绕！

在众舞者中，你无人可比，
无人如你，舞步蹁跹。

（杨森译）

---

① 这个名字可能源自 Ikhanaton（伊坎那顿）或 Akhenaton（阿肯那顿），古埃及法老（约公元前 1379—公元前 1362），以崇拜太阳神阿顿（Aton）而闻名。（Brooker，1979：93）

② 根据布鲁克（Brooker）的注释，这是庞德的自造词，暗指柳树。而柳树在希腊神话中是赫卡忒（Hecate，前奥林匹斯的一位重要的提坦女神）、喀耳刻（Circe，巫术女神）、赫拉（Hera，天后）以及珀耳塞福涅（Proserpine，冥后）的圣物（Brooker，1979：93）；同时希腊语中 Helice（宙斯的保姆，意为"柳树"）与 Helicon 同源，后者为山名，山上有两眼泉水，被视为诗人灵感的来源。

【翻译说明】

舞女历来是文学家、艺术家们颇为喜爱的表现对象。例如印象派大师德加便以善画芭蕾舞女而闻名；里尔克（Rilke）的《西班牙舞女》则是他的名作之一。在这首诗中，庞德从眼睛、脸庞、舞步、手臂、服饰等方面对这位舞女进行了描绘，胜在意象的新奇。例如他写舞女的手臂"就像树皮下稚嫩的枝干"；写她的脸庞"像河流，映着灯盏"。而她抚摸"我"的手，"就像莎草里的小河"，手指"宛若一条蒙霜的溪流"。她似乎是同自然融为一体的，从而有了一种神性，让人想起了希腊神话里的俄耳甫斯（Orpheus）。俄耳甫斯死后，"他的竖琴的乐音创造了众树……他的肉身分化，解体为自然事物，各自发声……"（叶维廉，2009：序言）。因此，对意象的把握和准确再现是这首诗翻译的重点。

另外，"There is none like thee among the dancers,/ None with swift feet." 在诗的开头和结尾分别出现了一次，达到了首尾呼应、回环反复的效果。如果直译为"在舞者中没有人像你一样/没有人有如此轻快的舞步"则太过平淡，索然无味。因此，译者在此基础上做了一些变动，将语言进行提炼，以一连串四字结构的词语出之，从而令诗句舒顿有致，富于音乐感，译文便由此转化为了诗的语言。

29. Gentildonna

She passed and left no quiver in the veins, who now—
Moving among the trees, and clinging
in the air she severed,
Fanning the grass she walked on then—endures:
Grey olive leaves beneath a rain-cold sky.

29. 夫人

她曾晕了过去，脉搏也停止了跳动，此刻——
她在林间走着，紧紧抓住
她撕裂的空气，
她走过草地，留下扇形的印记——她忍受着：
冷雨的天空下灰色的橄榄叶子。

（杨森译）

【翻译说明】

　　这首诗描绘的是耶稣殉难后悲伤的圣母，题目 Gentildonna 对应英文 "gentlewoman"，结合语境可译为 "夫人"。在形式上，译诗保持了原诗的折行，从而再现了时间的延续与情感的阻滞、破碎。

　　同时，最后一句的翻译至关重要。通过 "的" 字的使用，译者赋予了这个诗句内在的韵律（参见黄灿然的《粗率与精湛》一文，文中他分析了 "的" 字在形成诗歌内在韵律中的重要作用，称 "'的'字不是现代汉语的黑斑，而是脉搏。……若把'的'字从这些富于节奏的作品或句子中删掉，就会听不到整首诗的心跳"），从而造成余音袅袅之感，令意象更加突出和隽永。

30. Further Instructions

Come, my songs, let us express our baser passions.
Let us express our envy for the man with a steady job and no
worry about the future.
You are very idle, my songs,
I fear you will come to a bad end.
You stand about the streets,
You loiter at the corners and bus-stops,
You do next to nothing at all.

You do not even express our inner nobilitys,
You will come to a very bad end.

And I?
I have gone half-cracked.
I have talked to you so much that
I almost see you about me,
Insolent little beasts, shameless, devoid of clothing!

But you, newest song of the lot,
You are not old enough to have done much mischief.
I will get you a green coat out of China
With dragons worked upon it.
I will get you the scarlet silk trousers

30. 进一步指导

来吧，我的歌儿们，让我们表达卑劣的激情，
让我们表达对工作稳定，未来无忧的人的嫉妒。
我的歌儿们，你们无所事事，
我担心你们无法善终。
你们立于街头巷尾，
你们游荡于街角车站，
一事无成。

你们甚至无法表达我们内心的高贵，
你们会无法善终。

那我呢？
我已几近崩溃，
我和你们谈了太多，
我几乎看到你们将我团团围住，
傲慢的小兽们，厚颜无耻，一丝不挂！

但是你，最新的歌儿，
你年纪尚小，尚未劣迹斑斑，
我会给你穿上来自中国的
绿色外衣，上面绣着龙的图案，
我会给你穿上新圣母玛利亚教堂的雕塑上

From the statue of the infant Christ at Santa Maria Novella;
Lest they say we are lacking in taste,
Or that there is no caste in this family.

婴孩耶稣穿的猩红色的丝绸裤子
免得他们说我们没有品位，
说这个家长幼无序。

（杨森译）

【翻译说明】

这首诗是诗人面对自己诗歌作品的独白，以隐喻的方式表达了诗人的诗学主张。翻译中，译者使用了一些成语和四字结构，如"无所事事""街头巷尾""街角车站""厚颜无耻""一丝不挂""劣迹斑斑""长幼无序"等等。在现代派诗歌翻译中，成语和四字结构的使用是一把双刃剑，运用得当，可以达到言简意赅、音韵生动的效果；如使用不当或刻意堆砌，则会损失译诗语言的灵动和新鲜感。这其中的微妙之处，需要在大量翻译实践的基础上进行体会和把握。

31. A Song of the Degrees

I

Rest me with Chinese colours,
For I think the glass is evil.

II

The wind moves above the wheat—
With a silver crashing,
A thin war of metal.

I have known the golden disc,
I have seen it melting above me.
I have known the stone-bright place,
The hall of clear colours.

III

O glass subtly evil, O confusion of colours!
O light bound and bent in, soul of the captive,
Why am I warned? Why am I sent away?
Why is your glitter full of curious mistrust?
O glass subtle and cunning, O powdery gold!
O filaments of amber, two-faced iridescence!

31. 上行之诗①

I

让我同古中国的色彩一起长眠吧，
因为在我看来，这玻璃是邪恶的。

II

风在麦子上行走——
伴着银色的摩擦，
金属稀薄的战争。

我见过这金色的圆盘，
我曾见它在我的头顶融化。
我来过这个闪着大理石光泽的地方
清澈的色彩的殿堂。

III

哦，蹊跷的邪恶的玻璃啊，哦，色彩的融合！
哦，光线被缚住被折断，哦，被俘者的灵魂，
为何我接收到了警示的信号？为什么我不敢靠近？
为何你的闪烁中充满了好奇与怀疑？
哦，蹊跷而狡猾的玻璃啊，哦，粉状的金色！
哦，琥珀色的丝线，双面的斑斓！

（杨森译）

---

① 题目"A Song of the Degrees"颇为令人费解。一说是来自《圣经·诗篇》，诗篇120—134的题目下都有一个标注"a song of ascents"（也称"a song of the degrees"），中译本将之译为《上行/登阶之诗》，据说是以色列人到耶路撒冷参加每年的宗教盛典时所唱的朝圣之歌。题目和诗歌内容关联不大，或可理解为在形式和语气上的联系。

【翻译说明】

中国文化对庞德的诗歌创作产生了重要影响，主要体现在《华夏集》中。然而，事实上，从《华夏集》之前庞德所创作的这首《上行之诗》中，我们就已经可以看出他对中国文化的着迷和向往了。诗分三节，结构很清晰。第一节是总述，诗人明确了一种对立："古中国的色彩"同"玻璃"之间的对立。而第二节和第三节则分别以这两种意象为目标展开描述。"古中国的色彩"象征着秩序和明晰，而"玻璃"则对应混乱和禁锢。这是此诗的主要思想脉络和基调，译者在翻译时要把握清楚。

除此之外，第二节的 1—3 行的意象翻译也很值得一提。庞德把诗定义为"一种神来的数学"（inspired mathematics），意象的呈现要像"数学一样的严谨和准确"（叶维廉，2009：23）。翻译作为一种再创造，也要恪守这样的原则。这三行诗描绘了风吹麦浪的景象，其中包含了通感和思维的跳跃，都是诗人酝酿推敲的结果。例如"silver crashing"（银色的摩擦）把阳光下风吹拂麦子的声音、光线、色彩都准确地表现出来。同时，如果前两句诗是景色描写的话，那么"A thin war of metal"则暗含了比喻，承接前一句的"银色的摩擦"，将风拂过麦子比喻为一场战争。译者在翻译中对于上述通感和跳跃都做了保留。唯一的调整体现在对"moves"一词的翻译上。译者仿照《圣经·创世记》中的"神的灵运行在水面上"，将其译为"风在麦子上行走"，产生了拟人化的效果，同时照应了标题。

32. Ité

Go, my songs, seek your praise from the young and from the intolerant,
Move among the lovers of perfection alone.
Seek ever to stand in the hard Sophoclean light
And take you wounds from it gladly.

32. 去吧

去吧，我的歌，到年轻人和偏执狂中去寻求赞许，
到仅仅追求完美的人们中去。
努力地立于索福克勒斯的强烈的悲剧之光中
欣然地从中接受伤痛。

（杨森译）

【翻译说明】

这首诗反映出庞德对自己诗歌的期待和自信。诗中庞德提到了三类读者：年轻人、偏执狂和仅仅追求完美的人。他们都是对诗歌有很高的期待和要求的人。庞德希望自己的诗歌去接受他们的检验。注意"hard Sophoclean light"短语的翻译，其中 Sophoclean 指"（古希腊悲剧诗人）索福克勒斯的"，翻译时除了译出名字之外，可采用文内加注的形式将"悲剧"点明，而"hard"修饰"light"，因此译为"强烈的"，从而便将这个短语译为了"（立于）索福克勒斯的强烈的悲剧之光中"，意思更加清晰准确。

33. Dum Capitolium Scandet

How many will come after me
singing as well as I sing, none better;
Telling the heart of their truth
as I have taught them to tell it;
Fruit of my seed,
O my unnameable children.
Know then that I loved you from afore-time,
Clear speakers, naked in the sun, untrammelled.

33. 攀登卡匹托尔庙山

有多少人会追随我

和我唱得一样好，却不会更好；

会倾诉衷肠，

如我教他们的那样；

我的种子结出的果子啊，

哦，我无法命名的孩子们，

彼时你们就会知道，我在很久以前就爱过你们，

清晰的言说者们，在太阳下赤裸，无拘无束。

（杨森译）

【翻译说明】

庞德领导的意象派运动对传统的诗学造成了冲击，推动了英美现代派诗歌的发展，对后世产生了深远的影响。从这首诗来看，他对他可能产生的影响似乎是自知的。全诗采用自由体创作，语言贴近日常口语，翻译中要注意选词炼字、语言的诗化和诗歌的音乐性等问题。

34. Salvationists

I

Come, my songs, let us speak of perfection—
We shall get ourselves rather disliked.

II

Ah yes, my songs, let us resurrect
The very excellent term Rusticus.
Let us apply it in all its opprobrium
To those to whom it applies.
And you may decline to make them immortal,
For we shall consider them and their state
In delicate
Opulent silence.

III

Come, my songs,
Let us take arms against this sea of stupidities—
Beginning with Mumpodorus;
And against this sea of vulgarities—
Beginning with Nimmim;
And against this sea of imbeciles—
All the Bulmenian literati.

34. 传道者们

I

来，我的歌儿们，让我们来谈谈完美——
我们将让自己变得不受待见。

II

哦，是的，我的歌儿们，让我们复活
那个顶好的词：田园主义。
让我们将这个理念以其所有令人指摘的形式
用于它所适用的人们的身上
你们也许会拒绝令这些人变得不朽，
因为我们会考量他们及其状态
在精致的
华丽的沉默中。

III

来吧，我的歌儿们，
让我们拿起武器对付这无尽的愚蠢——
从对付喜怒无常开始；
让我们拿起武器对付这无尽的粗鄙——
从对付作弊抄袭开始；
让我们拿起武器对付这无尽的低能——
所有的布尔梅尼亚文人。

(杨森译)

这首诗同《进一步指导》（"Further Instructions"）以及《去吧》（"Ité"）一样，都是诗人面对其诗歌的独白，反映了庞德的诗学理念。从语言的角度来看，这首诗除了整体上依然以日常口语为主之外，其中夹杂了一些抽象词语，还出现了具体名词与抽象名词连用的情况，如"this sea of stupidities""this sea of vulgarities"。翻译时无法直译，因此译者只能舍弃海洋的意象，意译为"无尽的"。同时还要注意第三节的平行结构在翻译的时候应转化为排比句，不要打散。

35. Arides

The bashful Arides
Has married an ugly wife,
He was bored with his manner of life,
Indifferent and discouraged he thought he might as
Well do this as anything else.

Saying within his heart, "I am no use to myself,
'Let her, if she wants me, take me."
He went to his doom.

35. 艾瑞迪斯

羞涩的艾瑞迪斯
娶了一个丑老婆。
他厌倦了自己的活法，
漠然地，沮丧地他觉得他可以
像做其他任何一件事情一样做这件事。

他在心中默念，"我于我自己毫无用处，
让她，如果她需要我的话，将我带走吧。"
如此他走向了自我的毁灭。

（杨森译）

【翻译说明】

　　这首诗像一个微型的小说，讲了一个叫 Arides 的羞涩的男人娶了一个丑老婆的故事。但是仔细读来，又充满了隐喻。首先诗的标题，也是男主人公的名字，Arides，根据布鲁克的看法，或许和拉丁语"Aridus"（意为"干燥的；干旱的"）有关。从而我们不难联想到艾略特的《荒原》。他"对生活感到厌倦""漠然""沮丧"，代表了现代社会中人的精神危机。他对自己和自己的终身大事充满绝望的情绪，而通过这场婚姻（"娶了一个丑老婆"，即走向美的对立面），通过自我的放逐，他终于走向了毁灭。庞德廖廖几笔，浓缩了一个现代人的悲剧。译者采用直译的策略进行翻译，在词语的选择上体现了小说语言的特色（如"丑老婆""活法"）。

36. Ladies

Agathas

Four and forty lovers had Agathas in the old days,
All of whom she refused;
And now she turns to me seeking love,
And her hair also is turning.

Young Lady

I have fed your lar with poppies,
I have adored you for three full years;
And now you grumble because your dress does not fit
And because I happen to say so.

Lesbia Illa

Memnon, Memnon, that lady
Who used to walk about amongst us
With such gracious uncertainty,
Is now wedded
To a British householder.
Lugete, Veneres! Lugete, Cupidinesque!

36. 女人组诗

阿加莎

昔日阿加莎有四十四个情人，
她一并将他们拒绝；
如今她转而向我寻求爱情，
她已青丝不再，头发灰白。

年轻的女人

我以罂粟喂养你的家神，
我宠爱你三年之久；
如今你抱怨，因为裙子瘦了
因为我碰巧说了"裙子瘦了"。

那位莱斯比娅

门农啊，门农，那个女人
曾在我们中走动
带着一种慈悲的不确定，
如今已经嫁人
嫁给了一个英国的房客。
悲悼吧，维纳斯们！悲悼吧，丘比特们！

Passing

Flawless as Aphrodite,
Thoroughly beautiful,
Brainless,
The faint odor of your patchouli,
Faint, almost, as the lines of cruelty about your chin,
Assails me, and concerns me almost as little.

路过

完美无瑕如阿佛洛狄忒，
通体美丽，
毫无头脑，
隐约散发着广藿香的香气，
隐约地，就像你下颌周围残忍的线条，
袭来，而我却不为所动。

（杨森译）

【翻译说明】

庞德在这组诗中描写了不同女子的面貌和命运,很像一组素描。第一首《阿加莎》是关于美人迟暮的故事。这里庞德巧妙地运用了"turn"的一词多义,构成了辞趣。由于中英语言的差异,很遗憾,译文无法将之完美再现出来。译者采用了意译的方法,译为"她已青丝不再,头发灰白",与同样表达美人迟暮的叶芝的《当你老了》中译本的第一句"当你老了,头发灰白"(裘小龙译)构成互文。

第二首《年轻的女人》,是一首诙谐幽默的小诗,表达了"直男"的困惑和烦恼。这里翻译的时候注意"your dress does not fit"要根据上下文推断出其具体的所指,译为"裙子瘦了",是人胖了的委婉说法。

第三首《那位莱斯比娅》的题目出自卡图卢斯《歌集》(Catullus)的第五十八首第一行"Caeli, Lesbia nostra, Lesbia illa"(拉丁语),意为"凯利啊,我们的莱斯比娅,那位莱斯比娅"(李永毅译)。莱斯比娅是诗人的爱人,他所歌咏的对象。最后一句也是引用了原诗(第三首第一行)。而"Memnon"(门农),是黎明女神厄俄斯和特洛伊王子埃塞俄比亚国王提托诺斯之子,出现在卡图卢斯《歌集》的第六十六首中。这首诗采用拼接的手法将经典作品中的句子运用到了一个新的场景中,讲述了一个传奇的美丽的女子嫁给一个平庸男子的现代故事,令人惋惜的同时,也感慨命运的不可测。翻译时注意诗中的互文。

第四首《路过》很容易让人联想到波德莱尔的《致一位过路的女子》("À Une Passante"),而正是这首诗最开始的题目。诗中描绘了诗人在路上邂逅的一位女子。这位女子"隐约散发着广藿香的香气",而这香气"Assails me",直译为"袭来",让人不觉想起了《红楼梦》中的花袭人。最后一句"concerns me almost as little",译者将原来的宾语"我"变成了主语,更加符合汉语的表达习惯。

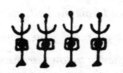

37. Heather

The black panther treads at my side,
And above my fingers
There float the petal-like flames.

The milk-white girls
Unbend from the holly-trees,
And their snow-white leopard
Watches to follow our trace.

37. 石楠

黑豹走在我的身侧，
在我的指尖之上
飘浮着花瓣般的火焰。

奶白色的女孩子们
从冬青树丛间直起身体，
而他们雪白的豹子
注视着，跟随着我们的足迹。

（杨森译）

【翻译说明】

九叶派女诗人陈敬容在谈到新诗的语言时说道:"诗的语言不可能也不必要完全等同于日常生活语言,在把生活语言加工提炼的过程中,节奏和韵律便会相应地形成。"(陈敬容,2000:172)这句话包含了两层含义:一、诗歌创作中语言的诗化与锤炼;二、由此而自然形成的诗歌的节奏和韵律。这段话不仅对诗歌创作有所启发,而且对诗歌的翻译也有一定的指导意义。

从语言的诗化和提炼的角度看,庞德的这首诗包含了"黑豹""花瓣般的火焰""奶白色的女孩子们""雪白的豹子"等意象,烘托出一种神秘的意境。因此译者在翻译的时候多采用书面语,如"身侧""指尖之上""飘浮""注视""足迹"等,以形成与日常生活的距离,再现原诗的神秘感。

另外,不同于古典诗歌采用押尾韵以实现诗歌的音乐感,现代派诗歌多采用自由体创作。但是自由体创作并不表示丧失了音乐性,而是其音乐性通过内在韵律得以实现,即那种"没有节奏、没有韵律的音乐,轻快柔美、时断时续,恰好适应心灵的抒情颤动、梦幻的起伏波动、意识的突然跳跃"(波德莱尔语,转引自本雅明,2013:140)。为此,在这首诗的翻译中,在选词炼字的基础上,译者采用不经意地押韵(如第二节的第二行"体"和第四行"迹")以及添加标点("注视着,跟随着我们的足迹。")的方法实现了译诗富于韵律感的音乐效果。

38. Coitus

The gilded phaloi of the crocuses
are thrusting at the spring air.
Here is there naught of dead gods
But a procession of festival,
A procession, O Giulio Romano,
Fit for your spirit to dwell in.
Dione, your nights are upon us.

The dew is upon the leaf.
The night about us is restless.

38. 交媾

番红花镀金的阳物
刺向春天的空气。
这里没有死去的众神
只有节日的队列，
一个队列，哦，朱利奥·罗马诺①，
这里适合你的灵魂栖居。
狄俄涅，你的夜晚降临于我们身上。

露珠在叶子上，
我们周围的夜很不安宁。

（杨森译）

---

① 朱利奥·罗马诺（Giulio Romano，1499—1546），文艺复兴时期的画家、建筑师，代表作为位于意大利曼托瓦（Mantua）的德泰宫（Palazzo Te）。宫殿中有表现众神爱情故事的情色壁画。庞德这里用他的名字暗指弥漫其作品中的淫荡气息。

【翻译说明】

根据中文的注释，这首诗与早期一首拉丁语诗歌"Pervigilium Veneris"互文。"Pervigilium Veneris"意为"维纳斯节前夜（Vigil of Venus）"，是春天里献给维纳斯的妈妈狄俄涅（Dione）的一个节日。拉丁语原诗描写了春天里植物和动物的觉醒，洋溢着对生命和爱的礼赞。而庞德这首诗中则充满了性、死亡和不安，反映出现代人在这个"众神已离去"的时代的精神危机。这首诗基本按照直译的方法译出，需要注意的是词语的选择。例如第二行"thrusting"的中文对应词需仔细推敲，要译出这个词本身包含的力量感，所以选择了"刺向"；再如第六行"dwell in"，译为"栖居"，对应海德格尔（Heidegger）和荷尔德林（Hölderlin）的"诗意地栖居"的概念，实现了语言的诗化。

39. Image from D'Orleans

Young men riding in the street
In the bright new season
Spur without reason,
Causing their steeds to leap.

And at the pace they keep
Their horses' armoured feet
Strike sparks from the cobbled street
In the bright new season.

39. 题奥尔良公爵①的一张图像

年轻人们在街上骑马
在这样明媚崭新的季节里
无由地策马扬鞭,
胯下的坐骑奔驰。

他们保持着这速度
马掌击打着鹅卵石铺就的街道
火花四溅
在这样明媚崭新的季节里。

（杨森译）

---

① 译者注：奥尔良公爵（D'Orleans）或可为查理一世奥尔良公爵（Charles D'Orleans，1394—1465），法国瓦卢瓦（Valois）王朝的贵族，诗人。其诗歌主要是民谣、香颂等，赞颂爱情、骑士和贵族的生活方式。

【翻译说明】

在庞德看来，意象"表现的是瞬间的智力和情感的混合体，让人感到突然地解放，摆脱了时间和空间的限制"。这首诗同《在地铁站》一样，用精确的语言勾勒出了一个鲜明的意象，如一幅画一般饱满，摆脱了时间和空间的限制，挥之不去。译者在翻译时，以直译为主，但也有部分的调整，例如在第二节的翻译中，对诗行做了调整，将 sparks 的译文单独列为一行，起到了突出和强调的作用，令意象更加鲜明。

40. The Social Order

I

This government official
Whose wife is several years his senior,
Has such a caressing air
When he shakes hands with young ladies.

II

(Pompes Funèbres)
This old lady,
Who was "so old that she was an atheist",
Is now surrounded
By six candles and a crucifix,
While the second wife of a nephew
Makes hay with the things in her house.
Her two cats
Go before her into Avernus;
A sort of chloroformed suttee,
And it is to be hoped that their spirits will walk
With their tails up,
And with a plaintive, gentle mewing,
For it is certain that she has left on this earth
No sound
Save a squabble of female connections.

40. 社会等级

I

这位政府官员
娶了一位年长自己几岁的太太
他在同年轻女人握手的时候
有一种抚摩的感觉。

II

（葬礼）
这位老太太
曾声称已经老到不再信神了，
而如今她的周围却
围绕着六根蜡烛和一个十字架，
她侄子的第二个老婆
在趁火打劫她屋子里的东西。
她的两只猫咪
已经先她一步走向了地狱；
类似于陪葬吧，
但愿它们的灵魂行走的时候
尾巴翘起，
并发出哀怨的轻轻的喵喵声，
因为有一点是肯定的：
她没有在这世上留下
丝毫的声响
除了一次女人之间的争吵。

（杨森译）

167

【翻译说明】

这首诗由两小节构成，分别选取两个小人物一生中的两个场景，以幽默而讽刺的手法描绘了世态人心。翻译的时候要注意再现其中的讽刺意味。同时，诗歌语言平实，接近口语，翻译时要避免翻译腔。例如我们最熟悉的"so... that..."句式，不可套用"太……以至于……"的现成翻法，而要调动"化"的能力，将其转化为地道的表达。

41. Ancient Music[1]

Winter is icummen in,
Lhude sing Goddamm.
Raineth drop and staineth slop,
And how the wind doth ramm!
            Sing: Goddamm.
Skiddeth bus and sloppeth us,
An ague hath my ham.
Freezeth river, turneth liver,
Damn you, sing: Goddamm.
Goddamm, Goddamm, 'tis why I am, Goddamm,
So 'gainst the winter's balm.
Sing goddamm, damm, sing Goddamm.
Sing goddamm, sing goddamm, DAMM.

---

① Note: This is not folk music, but Dr. Ker writes that the tune is to be found under the Latin words of a very ancient canon.

41. 古调①

冬天到了，
大声地唱，他妈的！
雨点儿落下，泥点儿飞溅，
寒风凛冽！
　　　　唱：他妈的！
公车打滑，泥水飞溅，
我的小腿肚一阵战栗。
河水结冰，肺腑翻腾，
你他妈的，唱啊：他妈的。
他妈的，他妈的，这便是我为何，他妈的
如此厌恶冬季。
唱他妈的，妈的，他妈的唱。
唱他妈的，唱他妈的，**妈的**！

（杨森译）

---

① 作者注：这并非民乐，不过科尔博士写道，这个曲调是归在一个非常古老作品的拉丁语词下面的。

《古调》是庞德对中世纪歌曲《杜鹃之歌》的戏仿之作。原诗及其现代英语译本如下：

Cuckoo Song

by Anonymous

Sumer is icumen in,

Lhude sing cuccu!

Groweþ sed and bloweþ med

And springþ þe wde nu,

Sing cuccu!

Awe bleteþ after lomb,

Lhouþ after calue cu.

Bulluc sterteþ, bucke uerteþ,

Murie sing cuccu!

Cuccu, cuccu,

wel singes þu cuccu;

Ne swik þu nauer nu.

Sing cuccu nu. Sing cuccu.

Sing cuccu. Sing cuccu nu!

(modern English version)

Summer has come in,

Loudly sing, Cuckoo!

The seed grows and the meadow blooms

And the wood springs anew,

Sing, Cuckoo!

The ewe bleats after the lamb

The cow lows after the calf.

The bullock stirs, the stag farts,

Merrily sing, Cuckoo!

Cuckoo, Cuckoo, well you sing, Cuckoo;

Don't ever you stop now,

Sing Cuckoo now. Sing, Cuckoo.

Sing Cuckoo. Sing Cuckoo now!

　　原诗描绘了夏天来临，万物生长，充满生机的景象，语言清新优美。而庞德的这首《古调》则写的是冬天，表现的是现代人生活的困境。从语言上看，通篇的"Goddamm（他妈的）"构成了本诗最为显著的特点。现代派诗歌自波德莱尔以来，打破了只有高雅语言才能入诗的戒律，大大提升了诗歌的表现力。通篇的脏话和咒骂是现代人灵魂痛苦的外在表现。如果说原诗是一曲优美的田园牧歌，那么庞德的《古调》则更像是一首声嘶力竭的摇滚乐。在翻译的时候，要注意把握诗歌的节奏，令人读来有一气呵成、荡气回肠之感。

42. The Lake Isle

O God, O Venus, O Mercury, patron of thieves,
Give me in due time, I beseech you, a little tobacco-shop,
With the little bright boxes
   piled up neatly upon the shelves
And the loose fragrant cavendish
   and the shag,
And the bright Virginia
   loose under the bright glass cases,
And a pair of scales not too greasy,
And the whores dropping in for a word or two in passing,
For a flip word, and to tidy their hair a bit.

O God, O Venus, O Mercury, patron of thieves,
Lend me a little tobacco-shop,
   or install me in any profession
Save this damn'd profession of writing,
   where one needs one's brains all the time.

42. 湖上的小岛

哦，上帝啊，维纳斯啊，墨丘利啊（小偷的保护神），
我求求你们，什么时候赐我一个小小的烟草店吧，
货架上整齐地摆着小小的亮亮的烟盒
还有松散的散发着香气的烟草饼
和烟丝。
还有亮亮的玻璃盒子下散落的亮晶晶的维珍妮女士香烟，
还有一架不太油腻的天平，
妓女们会偶尔进来说上一两句话，匆匆地，
调个情，把头发稍微整整。

哦，上帝啊，维纳斯啊，墨丘利（小偷的保护神），
借我一个小小的烟草店吧，
或者给我安置在任何的职业中，
除了这该死的写作的工作，
这整天要动脑子的写作的工作。

（杨森译）

【翻译说明】

　　庞德早期的诗歌深受叶芝（Yeats）的影响，而这首诗便是一个典范，从题目上就可以一望而知。叶芝有一首名诗题为"The Lake Isle of Innisfree"（《茵尼斯逍遥岛》），诗中描绘了一个想象的湖中小岛和诗人在岛上闲适的隐逸生活。而庞德以相似的标题，描绘了另外一种隐逸的生活——开一个小小的烟草店。同样是隐逸，区别在于一个隐于山林，一个隐于市井。不得不说，世外桃源是一个永恒的文学主题，一代代的诗人在这个母题之下不断地给出自己的理解和诠释。这首诗的重点在于细节描写，翻译的时候要注意善用小词，以体现出热气腾腾的尘世烟火气息。

43. Our Contemporaries

When the Taihaitian princess
Heard that he had decided,
She rushed out into the sunlight and swarmed up a cocoanut palm tree,

But he returned to this island
And wrote ninety Petrarchan sonnets[①].

---

① Il s'agit d'un jeune poète qui a suivi le culte de Gauguin jusqu'à Tahiti même (et qui vit encore). Etant fort bel homme, quand la princesse bistre entendit qu'il voulait lui accorder ses faveurs elle montra son allégresse de la facon dont nous venons de parler. Malheureusement ses poèmes ne sont remplis que de ses propres subjectivités, style Victorien de la "Georgian Anthology."

43. 我们的同代人

塔希提的公主
听到他已经做了决定，
飞奔出来，跑进阳光里，
欣喜地爬上一棵椰子树。

可他回到岛上
写了九十首彼得拉克十四行诗①。

（杨森译）

---

① 作者注：这首诗写的是关于一个崇拜高更的年轻诗人的故事。因为这份崇拜，他甚至也去了塔希提岛。他长得英俊潇洒，当褐色皮肤的当地公主听到他说要为她写诗时，就以诗中所提到的方式表露出了她的欣喜。可遗憾的是，这个年轻诗人所写的诗不过是充满了个人主观臆想的，《乔治亚诗选》中那种维多利亚风格的东西。

【翻译说明】

　　"浪漫主义诗歌经过了 19 世纪中期的鼎盛阶段之后，到 1880 年左右逐渐形成湿得发腻、矫揉造作的感伤主义。"（蒋洪新，2014：269）而这正是意象派所反对的。这首诗便体现了这一主题。全诗分为两个小节，第一小节（塔希提公主的反应）和第二小节（年轻诗人的反应）形成了鲜明的对比。前者是鲜活的形象，后者是迂腐的诗匠。要注意"She rushed out into the sunlight and swarmed up a cocoanut palm tree"一句，翻译时要注意再现动作的紧密衔接，以体现公主敏捷的动作和喜悦的心情。

44. The Gipsy

"Est-ce que vous avez vu des autres—des camarades—avec des singes ou des ours?"

A Stray Gipsy—A.D.1912

That was the top of the walk, when he said:
"Have you seen any others, any of our lot,
With apes or bears? "
—A brown upstanding fellow
Not like the half-castes,
up on the wet road near Clermont.
The wind came, and the rain,
And mist clotted about the trees in the valley,
And I'd the long ways behind me,
grey Arles and Biaucaire,
And he said, "Have you seen any of our lot?"
I'd seen a lot of his lot...
ever since Rhodez,
Coming down from the fair
of St. John,
With caravans, but never an ape or a bear.

44. 吉卜赛人

"您看到其他人了吗——我们的族人们——带着猩猩和熊的我们的族人们？"

迷途的吉卜赛人——公元 1912 年

走到路的尽头，他问道：
"您看到其他人了吗？任何一位我们的族人，
带着猩猩或者熊？"
——一个棕色的直立着的家伙
不是克莱蒙特附近那条湿乎乎的路上那些杂种。
风来了，然后是雨，
山谷里的树木的周围凝结着雾。
我的身后是长长的路，
灰色的阿尔勒和博凯尔，
然后他问："您是否见过我们的族人？"
我确实见到过很多他的族人……
在离开罗德岛之后，
他们从圣约翰集市来，
坐着大篷车，但是没有猩猩，也没有熊。

（杨森译）

【翻译说明】

　　吉卜赛人是文学中常见的题材，很多诗人都写过关于吉卜赛人的诗歌。他们代表着现代文明的反面，是自由和原始生命力的象征。这首诗中反复出现的迷途的吉卜赛人对于族人的追寻，也暗示着现代人对失落的自由的追寻。翻译时要把其中蕴含的哲学韵味译出来。译者基本采用直译的策略，但是通过添加标点，把握诗歌的内在节奏，例如最后一行诗，"With caravans, but never an ape or a bear"译为"坐着大篷车，但是没有猩猩，也没有熊"，除了将介词"With"转化为了动词"坐着"之外，在翻译"but never an ape or a bear"时增加了逗号，改变了语言的节奏，令诗歌的结尾更加意味深长。

45. The Jewel Stairs' Grievance by Li Po[①]

The jewelled steps are already quite white with dew.
It is so late that the dew soaks my gauze stockings,
And I let down the crystal curtain
And watch the moon through the clear autumn.

---

① Note by Pound: Jewel stairs, therefore a palace. Grievance, therefore there is something to complain of. Gauze stockings, therefore a court lady, not a servant who complains. Clear autumn, therefore he has no excuse on account of the weather. Also she has come early, for the dew has not merely whitened the stairs, but has soaked her stockings. The poem is especially prized because she utters no direct reproach.

45. 玉阶怨①

玉石做成的台阶落满露水，泛着白光。
夜已深，露水已经浸湿了我丝绸做的袜子，
我放下水晶帘子，
在这个清朗的秋夜里望着月亮。

（杨森译）

---

① 庞德原注：玉阶，则说明这里是皇宫。哀怨说明是有事要抱怨。丝绸做的袜子，则说明诗中的女子应该是个嫔妃，不是宫女。清秋，则他没有理由托辞天气的原因不来。另外，从露水不仅已经把玉阶变成了白色，并且浸湿了她的袜子来看，她早早就来了。这首诗的可贵之处在于诗中女主没有直接地说出任何责备的话语。

【翻译说明】

20世纪初，庞德在英美文学世界中发起了意象派运动。一个偶然的机会，他接触到了中国的古典诗歌。他发现这些古诗同他的意象派诗歌主张不谋而合，遂选译了一部分，收录在《华夏集》中[①]。这首李白的《玉阶怨》就是其中之一。在庞德的翻译中，他舍弃了原来的韵脚，采用自由体句式，诗行也不似原诗一样整齐。在一些细节上有改动，如第一句，原诗中"玉阶生白露"的白色是修饰露水的，但是在庞德的诗中，他的白色是修饰台阶的，因为落了露水的缘故，玉石做的台阶泛着白光，诗中的女子仿佛沐浴在这片白光之中；而第四句"玲珑望秋月"，庞德的翻译中舍弃了对月亮的修饰词"玲珑"和"秋"，同时增加了一个状语 through the clear autumn（在这个清朗的秋夜里）。另外，读李白的原诗没有具体的人称代词，似乎更像是第三人称视角，就像是远远地看一个女人和她的心事。而庞德翻译则明确了第一人称，使诗句成为女子的独白。译者将庞德的诗歌回译为汉语，采用了直译的策略，保留了庞德原诗的特点，通过长短不一的诗行，形成与人体呼吸相一致的韵律。主旨是令语言清新自然，哀而不伤。

---

① 共 19 首，分别为：《诗经·小雅》中的《采薇》、汉古诗《青青河畔草》、李白诗 12 首《江上吟》《长干行》《侍从宜春苑奉诏赋龙池柳色初青听新莺百啭歌》《天津三月时》《玉阶怨》《胡关饶风沙》《忆旧游寄谯郡元参军》《黄鹤楼送孟浩然之广陵》《别友》《送友人入蜀》《登金陵凤凰台》《代马不思越》、郭璞的《游仙诗》、汉乐府《陌上桑》、卢照邻的《长安古意》、陶渊明的《停云》、王维的《送元二使安西》。

附：玉阶怨

李　白

玉阶生白露，
夜久侵罗袜。
却下水晶帘，
玲珑望秋月。

46. To-Em-Mei's "The Unmoving Cloud"

I

The clouds have gathered, and gathered,
and the rain falls and falls,
The eight ply of the heavens
are all folded into one darkness,
And the wide, flat road stretches out.
I stop in my room toward the East, quiet, quiet,
I pat my new cask of wine.
My friends are estranged, or far distant,
I bow my head and stand still.

II

Rain, rain, and the clouds have gathered,
The eight ply of the heavens are darkness,
The flat land is turned into river.
"Wine, wine, here is wine!"
I drink by my eastern window.
I think of talking and man,
And no boat, no carriage, approaches.

III

The trees in my east-looking garden
are bursting out with new twigs,

46. 停云

I

云朵聚集，聚集，
雨水洒落，洒落
九重天
被折叠进一片黑暗，
宽阔平坦的大路伸向远方。
我在我朝东的房间里停下来，安安静静的，
我拍了拍新的酒瓶。
朋友都已疏远，或分离，
我低下头，站着，一动不动。

II

下雨，下雨，云朵聚集，
九重天一片黑暗。
平地变成河流。
"酒啊，酒啊，酒在这里！"
我在朝东的窗子旁喝酒，
想起了往日的闲谈和故人，
可既没有船，也没有车，到来。

III

我朝东的花园中的树木
疯狂地抽出新芽，

They try to stir new affection,
And men say the sun and moon keep on moving
because they can't find a soft seat.
The birds flutter to rest in my tree,
and I think I have heard them saying,
"It is not that there are no other men
But we like this fellow the best,
But however we long to speak
He can not know of our sorrow."

撩拨着新的情绪，
人们说，日月不停地运转
是因为无法找到一个柔软的座位。
鸟儿翩翩飞入园中，停驻在我的树上，
我似乎听到它们在说，
"并非无他人，
只是我们最爱此人。
可不管我们多么渴望诉说
他也无法了解我们的苦楚。"

（杨森译）

【翻译说明】

庞德的翻译常常以不忠实而受诟病。然而，如果换一个角度，不以文字转换的标准看待，单就诗歌意蕴本身来看，这些误译之处也不失为一种美丽的错误。例如，陶渊明原诗中的"八表"（意为八方以外极远的地方，泛指天地之间）在庞德的译诗中变成了 The eight ply of the heavens（八层天），由表示广度的横向空间变成了突出高度的纵向空间。译者在翻译的过程中采用了汉语里的"九重天"进行翻译，更加符合汉语的表达习惯，同时表达出与庞译的"天国阶梯"意象相似的高远和神秘。

194

附：停云

陶渊明

停云，思亲友也。樽湛新醪，园列初荣，愿言不从，叹息弥襟。

其一

霭霭停云，蒙蒙时雨。

八表同昏，平路伊阻。

静寄东轩，春醪独抚。

良朋悠邈，搔首延伫。

其二

停云霭霭，时雨蒙蒙。

八表同昏，平陆成江。

有酒有酒，闲饮东窗。

愿言怀人，舟车靡从。

其三

东园之树，枝条载荣。

竞用新好，以招余情。

人亦有言：日月于征。

安得促席，说彼平生。

其四

翩翩飞鸟，息我庭柯。

敛翮闲止，好声相和。

岂无他人，念子实多。

愿言不获，抱恨如何！

47. On His Own Face in a Glass

O strange face there in the glass!
O ribald company, O saintly host,
O sorrow-swept my fool,
What answer? O ye myriad
That strive and play and pass,
Jest, challenge, counterlie!
I? I? I?
And ye?

47. 观镜有感

呵，镜子里的脸竟陌生无比。
呵，是圣洁的主人，呵，是下流的伙计，
呵，还是饱尝悲伤的白痴，
谁能回答？呵，你化身千万，
在世间挣扎，玩耍，变化。
玩笑，质疑，用谎言将谎言相抵。
是我？我？我？
也是你？

（荣立宇译）

【翻译说明】

从李白的"不知明镜里，何处得秋霜"（《秋浦歌》），"君不见黄河之水天上来，奔流到海不复回；君不见高堂明镜悲白发，朝如青丝暮成雪"（《将进酒》），到《红楼梦》中的"咽不下玉粒金莼噎满喉，照不见菱花镜里形容瘦"（《红豆曲》），中国诗歌传统中有十分悠久的"观镜"描写。标题译作"观镜有感"，实取自鲁迅先生的一篇杂文的标题。当镜中所见与心中所想出现极大的反差，"我"与"你"之间的界限模糊不清，总是能在读者情绪中产生巨大的张力。译诗一韵到底，读来朗朗上口。

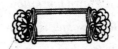

48. Ballatetta

The light became her grace and dwelt among
Blind eyes and shadows that are formed as men;
Lo, how the light doth melt us into song:

The broken sunlight for a healm she beareth
Who hath my heart in jurisdiction.
In wild-wood never fawn nor fallow fareth
So silent light; no gossamer is spun
So delicate as she is, when the sun
Drives the clear emeralds from the bended grasses
Lest they should parch too swiftly, where she passes.

48. 民谣

光成了她的恩惠，如同浊物
在既成的盲目与阴影中栖居。
看啊！光的伟力将你我谱成新曲，
阳光普照大地，碎金洒向她的身体。
我的心听凭她召之即来、挥之即去，
荒林之中不见鹿，也没有休耕的土地，
明亮静谧如许，游丝也消灭了形迹。
明媚鲜妍似伊，当太阳升起，
将俯首弯腰的青草上的新绿驱离，
唯恐伊所经临之处，青草旋即干枯。

（荣立宇译）

【翻译说明】

此作品为格律体英诗，抑扬格五音步，全篇韵式为 aba cdc ee ff。格律严谨，音韵铿锵。译诗保留了诗行，舍弃了节奏，再造了韵脚，采用了通韵，可以使中文读者品鉴起来更加顺畅。

49. Earat Hora

*"Thank you, whatever comes." And then
she turned
And, as the ray of sun on hanging flowers
Fades when the wind hath lifted them aside,
Went swiftly from me. Nay, whatever come
One hour was sunlit and the most high gods
May not make boast of any better thing
Than to have watched that hour as it passed.*

49. 一个小时

"无论如何，我都感恩。"
然后，她转过身。
当挂在壁上的花被风托举到一旁，
停留在上面的日光旋即退场。
她倏忽弃我而去。
而且，无论如何，
有了刚才一个小时的光照，
诸神至高，再没有任何赏心乐事，
能够胜过，把这段时光静静观瞧。

（荣立宇译）

【翻译说明】

"Earat Hora"为拉丁语,意为"一个小时"。庞德涉猎广博,精通多种语言文字,读者在其诗作中常可见到许多非英语的使用。"弃我而去"与"弃我去者,昨日之日不可留"形成互文关系。"赏心乐事"取自"良辰美景奈何天,赏心乐事谁家院";"静静观瞧"则因应佛家语"静观众妙"。"恩"与"身","旁"与"场","照"与"高"与"瞧"构成韵脚,译诗读来朗朗上口,带有一丝古典戏曲唱词的风采韵律。

50. Horae Beatae Inscriptio

How will this beauty, when I am far hence
Sweep back upon me and engulf my mind!

How will these hours, when we twain are grey,
Turned in their sapphire tide, come flooding o'er us!

50. 时序祝福铭文

无论我身在何方，
时序女神终将会，
把我掠回她的身旁，
侵吞我的思想！

即使你我两鬓苍苍，
岁月蓝潮还是会，
泛滥到四极八荒，
淹没我们的皮囊！

（荣立宇译）

【翻译说明】

题目"Horae Beatae Inscriptio"为拉丁文,意为"时序祝福铭文",按照字面译出。四行诗比较整齐(音节数依次为 10,10,9,11),无韵脚。

译诗保留了原诗形制整齐的特色,使用了汉诗中常见的通韵,增加了译诗的音韵效果。岁月如同潮水的说法对英诗读者来说十分熟悉,英语里有"Time and tide wait for no man."的谚语;"宝石蓝色"的潮水,这种说法属于隐喻,增加了诗歌的艺术想象力,只是出于形制整齐方面的考虑,译诗不得不割舍,稍嫌遗憾,诗有佳句易之。

51. The Altar

Let us build here an exquisite friendship,
The flame, the autumn, and the green rose of love
Fought out their strife here, 'tis a place of wonder;
Where these have been, meet 'tis, the ground is holy.

51. 祭坛

让我们在此构筑一段精致的友谊。

火焰、秋天，爱的玫瑰正绿得鲜妍。

干戈在此处化为玉帛，祭坛真是神奇之所。

纷然杂处不可须臾离，祭坛实乃神圣之地。

（荣立宇译）

【翻译说明】

原诗四行建制，每行音节依次为 10、11、11、11，颇为工整，可划为抑扬格五音步，没有韵脚。译诗没有遵从原诗节奏，只是尽量令一二行、三四行节奏相同；各行之间没有韵脚，却大量使用了行内韵，如"里""起""谊"（第一行），"焰""天""妍"（第二行），"帛""所"（第三行），"离""地"（第四行），具有较好的音韵效果。

以上译自 Personae of Ezra Pound (1908,1909,1910)

52. An Object

This thing, that hath a code and not a core,
Hath set acquaintance where might be affections,
And nothing now
Disturbeth his reflections.

52. 物件

这件东西设有密码没有秘密，
有情之人借助它才得以相识，
事到如今啊，不管什么东西，
都再也不能干扰到他的沉思。

（荣立宇译）

【翻译说明】

此诗篇幅短小，但诗味隽永。特别是"hath a code and not a core"处，使用了头韵（alliteration），颇有哲学意味，翻译时不容易处理。译诗设计了"设有""没有"构成的目韵，"密码""秘密"构成的头韵，权且算作对原诗意趣的追仿。原诗四行，隔行谐韵，韵式为abab。译诗对原诗韵式进行了改造，一改英诗常见的交替韵式为汉诗流行的通韵，如此处理，读起来更有诗的况味。

53. Quies

This is another of our ancient loves.
Pass and be silent, Rullus, for the day
Hath lacked a something since this lady passed;
Hath lacked a something. 'Twas but marginal.

53. 奎斯（宁静）

自古风月，总难逃女怨男痴，
悄然离去，终难忘此刻此时。
佳人去后，鲁拉斯若有所失，
所失者何，却也是冷暖自知。

（荣立宇译）

【翻译说明】

"奎斯"，人名，来自拉丁语，意为"宁静"。首句不易处理，译文化用了《红楼梦》中的些许句子，"厚地高天，堪叹古今情不尽；痴男怨女，可怜风月债难偿"。需要注意，原诗为格律体，用抑扬格五音步，无韵脚。译诗每行控制在五个停顿，可以看作是力图再现原诗节奏的努力。同时无中生有地安排了韵脚，是为朝向中国古诗传统的回归。末句"marginal"意为"微不足道"，为了趁韵，引申为"冷暖自知"，虽不十分妥帖，但语义尚能自圆。

54. Tenzone

Will people accept them?
(i.e. these songs).
As a timorous wench from a centaur
                    (or a centurion),
Already they flee, howling in terror.

Will they be touched by the verisimilitudes?
Their virgin stupidity is untemptable.
I beg you, my friendly critics,
Do not set about to procure me an audience.

I mate with my free kind upon the crags;
the hidden recesses
Have heard the echo of my heels,
in the cool light,
in the darkness.

54. 十区

人们是否会接受它们？
（即这些歌曲）
如同半人马变化的胆怯的乡下姑娘
（或是百夫长），
它们已经逃离，在恐惧中惊叫。

他们是否会被逼真之物感动？
他们原初的愚蠢很难被蛊惑。
我恳请您，评论家兄弟，
千万不要尝试为我招徕听众。

我和自由的同类在峭壁上交合；
暗处的罅隙
听到了我脚踵的回声，
在清凉的光线里，
在黑暗之中。

（荣立宇译）

【翻译说明】

小诗内涵有些抽象，不易理解。句式结构、分行布局，貌似随意，实则颇为用心。唯有最大限度的直译才能尽力将这首诗的原貌传达给译文读者。

55. The Garden

En robe de parade.

Samain

Like a skein of loose silk blown against a wall
She walks by the railing of a path
in Kensington Gardens,
And she is dying piece-meal
    Of a sort of emotional anaemia.

And round about there is a rabble
Of the filthy, sturdy, unkillable infants of the very poor.
They shall inherit the earth.

In her is the end of breeding.
Her boredom is exquisite and excessive.
She would like some one to speak to her,
And is almost afraid that I
will commit that indiscretion.

55. 公园

身穿盛装。

萨曼

像是一束松散的丝被风吹到墙面，
她沿着一条小路前行手扶着栏杆，
那是在肯辛顿公园，
她即将死于一种情感的贫瘠，
分崩离析。

周遭只是一群乌合之众，
肮脏，强壮，是杀不死的穷人的婴儿。
大地是他们继承的财产。

在她心里，教养已经成为过去，
剩余的只有厌倦，精致而冗余，
她想找个人来和她说上几句，
却又担心我会言行无据。

（荣立宇译）

【翻译说明】

此诗分三个小节，共十三行，诗行参差不齐，没有韵脚。译诗保留了原诗的建制，因地制宜地设置了韵脚。这次并非通韵，而是几次换韵（从 an 到 i，回到 an，再到 i），还特别使用了行间韵（肮脏，强壮），这种丰富的音韵效果，恰可表达诗人所要传递的复杂况味。

56. Ortus

How have I laboured?
How have I not laboured
To bring her soul to birth,
To give these elements a name and a centre!
She is beautiful as the sunlight, and as fluid.
She has no name, and no place.
How have I laboured to bring her soul into separation;
To give her a name and her being!

Surely you are bound and entwined,
You are mingled with the elements unborn;
I have loved a stream and a shadow.
I beseech you enter your life.
I beseech you learn to say 'I'
When I question you;
For you are no part, but a whole,
No portion, but a being.

56. 奥尔多斯

我付出了多少精力？
我没有劳神费力
便让她的灵魂降生，
还赋予这些元素中心，给它们命名！
她的美如同阳光，好似水。
她没有名字，也没有地方。
我花了很大力气才让她的灵魂分崩离析；
为了让她存在，赋予她一个名！

你必然会受到约束，千丝万缕，
你与未诞生的元素交织在一起；
我爱过一个影子和一条小溪。
我恳求你进入你的生命。
我恳求你学会说"我"，
当我对你提出质疑。
因为你不是片段，而是生命，
并非部分，而是整体。

（荣立宇译）

【翻译说明】

　　小诗两个诗节，用词简单，诗意抽象，富有哲理，译好不易。译诗采用了两个韵脚，即以"i"为主要韵脚，以"ing"为次要韵脚。通过两个韵脚的交叉转换，原诗的诗意，伴着铿锵的韵律，得以自然流畅地传达出来。出于谐韵的考量，译诗在一些地方调整了部分语词的位置，虽属不得已而为之，但尽力照应了形式与内容，使原意得到充分再现。

57. Salutation

O generation of the thoroughly smug
and thoroughly uncomfortable,
I have seen fishermen picnicking in the sun,
I have seen them with untidy families,
I have seen their smiles full of teeth
and heard ungainly laughter.
And I am happier than you are,
And they were happier than I am;
And the fish swim in the lake
and do not even own clothing.

57. 寒暄

呵，极度自鸣得意的一代
同时极端无所适从，
我见过在太阳底下野餐的渔夫，
我见过寸步不离的遢遢的家属，
我见过他们露出满嘴大牙的笑容，
也听过他们粗砺刺耳的笑声。
我现在过得比你快乐，
他们以前比我现在幸福；
鱼儿在湖水里游泳，
甚至都没有一件衣服。

（荣立宇译）

【翻译说明】

诗中有两处排比，一为"I have"处（结构重复三次），一为"And"处（词汇重复四次），十分醒目。前一处容易处理，直译即可，再现了原文此处独有的气势；后一处则煞费思量，若照实译出，译诗难免僵化呆板，故省去不译，但通过隔行韵的节奏，一定程度上实现了原文排比的连贯语气功效。

58. Salutation the Second

You were praised, my books,
because I had just come from the country;
I was twenty years behind the times,
so you found an audience ready.
I do not disown you,
> *do not you disown your progeny.*

Here they stand without quaint devices,
Here they are with nothing archaic about them.
Observe the irritation in general:
"Is this," they say, "the nonsense
that we expect of poets?"
"Where is the Picturesque?"
> *"Where is the vertigo of emotion?"*
"No! his first work was the best."
> *"Poor dear! He has lost his illusions."*

Go, little naked and impudent songs,
Go with a light foot!
(Or with two light feet, if it please you!)
Go and dance shamelessly!
Go with an impertinent frolic!

58. 二次寒暄

我要赞美你，我的书籍，
因为我刚从乡间回来；
青春虚度二十载
刚好做你现成的读者。
我无法将你舍弃，
你也抛不下你的后裔。

他们站在这里举止毫无雅意
他们在这里更是与古代远离。
看看人们是多么地生气：
"就这，"他们说，
"我们想看的就是诗人的胡说？"
"怎么看不到田园牧歌？"
"哪里去找情感的旋涡？"
"不！最好的还是他第一部诗作。"
"可怜的人啊！幻灭之后他迷失了自我。"

去吧，赤裸粗俗的小调，
去吧，迈开一只轻快的脚！
（若是你乐意，两只脚都可以欢快地迈开！）
去吧，毫无顾忌地跳舞！
去吧，哪怕是粗鄙的游戏！

Greet the grave and the stodgy,
Salute them with your thumbs at your noses.

Here are your bells and confetti.
Go! rejuvenate things!
Rejuvenate even "The Spectator".
Go! And make cat calls!
Dance and make people blush,
Dance the dance of the phallus
and tell anecdotes of Cybele!
Speak of the indecorous conduct of the Gods!
            (Tell it to Mr. Strachey)

Ruffle the skirts of prudes,
            speak of their knees and ankles.
But, above all, go to practical people—
Go! Jangle their door-bells!
Say that you do no work
            and that you will live for ever.

问候严肃、平凡的人们，
带着鄙视与他们寒暄。

这里是你的铃铛和纸屑。
去吧！让万物重获青春！
甚至让那位"旁观者"也青春洋溢。
去吧！学几声猫叫！
跳舞吧，跳出让人脸红的舞蹈，
跳舞吧，跳出歌颂阳具的舞蹈
讲讲西布莉①的轶事！
说说众神的不齿行径！
（把它告诉斯特雷奇先生）

撩开故作正经的女人的裙子，
说说她们的膝盖和脚踝。
但是，首先，去找崇尚实际的人们——
去！弄响他们的门铃！
告诉他们你不需要工作
但是你却会永远地活着。

（荣立宇译）

---

① Cybele: 西布莉，众神之母，是古代地中海地区崇拜的自然女神。

【翻译说明】

原诗较长，里面有诗人的叙述，也有对他者话语的引述，涉及多种人称（第一、二、三人称都包括在内），可谓是众声喧嚣，十分热闹。这里翻译的要点是如何将叙述、引述两个层面的语言处理好，毕竟诗人语言与"毫无雅意""与古代远离"的他者语言在语域层面存在着不小的差异。将两者语言的正式程度适当地拉开，正是基于此种考量。另外，译诗安排了些许韵脚，并非刻意为之，只是因地制宜。

59. Albatre

This lady in the white bath-robe which she calls a peignoir,
Is, for the time being, the mistress of my friend,
And the delicate white feet of her little white dog
Are not more delicate than she is,
Nor would Gautier himself have despised their contrasts in
whiteness
As she sits in the great chair
Between the two indolent candles.

59. 雪花石膏

这位女士穿着白色的浴袍，
说起来总是拖着法语腔调，
她如今成了我朋友的相好。
她养的白色小狗的小白脚，
并不比她的小白脚儿更小。
高缇耶再白都不及她一毫。
她在巨大的椅子里面坐好，
两根蜡烛在旁边懒散燃烧。

（荣立宇译）

【翻译说明】

　　这首小诗的语言活泼俏皮，油滑之中带着讽刺的腔调，又有几分玩世不恭在其中，嬉笑怒骂，十分有趣。译诗在重视传达诗意的同时，力图将上述那些诗味翻译出来。

60. Causa

I join these words for four people,
Some others may overhear them,
O world, I am sorry for you,
You do not know these four people.

60. 原因

我要为四个人多说几句，
有人可能会无意中耳闻，
天下人，真为你们遗憾，
你们竟不认识这四个人。

（荣立宇译）

【翻译说明】

这首小诗为四行短制，节奏比较整齐，抑扬格四音步，不押韵，诗意隽永，颇可玩味。译诗以每行四个汉语节奏"顿"进行翻译，再现了原诗节奏，同时赋予了译诗韵脚，读来诗味更浓。

61. Epitaph

Leucis, who intended a Grand Passion,
Ends with a willingness-to-oblige.

61. 墓志铭

勒希斯,
曾憧憬一份感情,
一往而深;
终做成一对伴侣,
相敬如宾。

（荣立宇译）

【翻译说明】

此篇体制短小，却蕴含哲理。《红楼》曲《终身误》中的唱词"叹人间美中不足今方信，纵然是齐眉举案，到底意难平"可与此诗互为反证。事实上，译诗最后一句正是化用了这句唱词的诗意。另外，译诗将原诗两行拆分成五行，凑成"情""深""宾"处的押韵，使其平添东方文化含蓄内敛的诗味。

62. The Bath Tub

As a bathtub lined with white porcelain,
When the hot water gives out or goes tepid,
So is the slow cooling of our chivalrous passion,
O my much praised but-not-altogether-satisfactory lady.

62. 浴缸

内里衬着白色陶瓷的浴缸，
当热水用尽，或变得温吞，
骑士热情也终将慢慢降温，
呵，爱慕虚荣且难以讨好的女郎。

（荣立宇译）

【翻译说明】

小诗意象新颖，别具匠心，寓哲理与灵动于一身，堪称佳构。译诗选词用字亦十分考究。如第四行"lady"（女郎）前的长定语"much praised but-not-altogether-satisfactory（受到了很多赞美但是并非总能感到满意）"在篇幅紧凑的短诗中译出便煞费周章，译文以"爱慕虚荣且难以讨好"兼顾了语义与篇幅，较为理想。译诗尝试使用了汉诗少见的抱韵（韵式为 abba），别有风味。

63. Meditatio

When I carefully consider the curious habits of dogs
I am compelled to conclude
That man is the superior animal.

When I consider the curious habits of man
I confess, my friend, I am puzzled.

63. 冥想

仔细琢磨狗子的古怪行为，
说人类更为优胜，
或许不会有错。

认真品味人类的另类举止，
我承认，朋友，我不禁陷入了困惑。

（荣立宇译）

【翻译说明】

小诗从古怪的行为方面将人与狗做了比较，一味看狗的古怪习惯，觉得人比狗要更加高级。然而，若是看看人的奇怪行为，人恐怕未见得比狗高尚。此篇发人深省，振聋发聩，体现了诗人对于物种关系的深入思考。此篇与鲁迅《野草》中《狗的驳诘》一篇的精神气质相似，颇可拿来比读，相互映衬。

附：狗的驳诘

鲁 迅

我梦见自己在隧巷中行走，衣履破碎，像乞食者。

一条狗在背后叫起来了。

我傲慢地回顾，叱咤说：

"呔！住口！你这势利的狗！"

"嘻嘻！"他笑了，还接着说，"不敢，愧不如人呢。"

"什么！？"我气愤了，觉得这是一个极端的侮辱。

"我惭愧：我终于还不知道分别铜和银；还不知道分别布和绸；还不知道分别官和民；还不知道分别主和奴；还不知道……"

我逃走了。

"且慢！我们再谈谈……"他在后面大声挽留。

我一径逃走，尽力地走，直到逃出梦境，躺在自己的床上。

一九二五年四月二十三日

64. To Dives

Who am I to condemn you, O Dives,
I who am as much embittered
With poverty
As you are with useless riches?

64. 致大亨

唉，各位大亨，
我有何德何能，
竟去谴责汝等。
可是钱太多了，
也确实无用。
我是饱尝了贫困的滋味，
诸君不也深受钱财之累？

（荣立宇译）

【翻译说明】

原诗视角新颖独特，作者模拟穷人口吻喊话对面大亨。尽管双方财富的差异有天壤之别，但在本质上，他们又无时无刻不在经受财务之累。译诗打破了原诗的建构，颠倒了诗行，改造了韵脚，如此处理，可以呈现出一种口语化的风格，同时带着幽默调侃的语气，更能捕捉原诗的精神。

65. Liu Ch'e

The rustling of the silk is discontinued,
Dust drifts over the court-yard,
There is no sound of footfall, and the leaves
Scurry into heaps and lie still.
And she the rejoicer of the heart is beneath them:
A wet leaf that clings to the threshold.

65. 刘彻

丝绸的摩擦已成绝响，
庭院的灰尘轻舞飞扬，
听不见一点足音，
落叶纷纷，
匆忙堆积成冢，然后岿然不动。
愉悦我心的佳人如今长眠冢下：
一片潮湿的树叶牢牢抓住门槛不放。

（荣立宇译）

【翻译说明】

《拾遗记》记载云："汉武帝思李夫人，因赋落叶哀蝉之曲。"诗文如下：

> 罗袂兮无声，玉墀兮尘生。
> 虚房冷而寂寞，落叶依于重扃。
> 望彼美之女兮，安得感余心之未宁？

庞德对《落叶哀蝉曲》进行翻译的时候，做了大刀阔斧的改造，诗歌最后一行，"一片潮湿的树叶牢牢抓住门槛不放"，更是庞德无中生有的大胆添加，产生了一种意象叠加的效果，被后世许多诗评家称为神来之笔。

翻译这首诗，对它进行定位很重要。如果将之定位为译诗，那么将它再译回中文属于"回译"范畴，最后的也或许是最佳的归宿就是还原成汉武帝的《落叶哀禅曲》，然而如此做并无太大意义。鉴于庞德在诗中表现出来的创造性已经使该篇成为英诗经典，我们将此篇按照"原创"作品予以对待并进行翻译，或许更有价值。于是，译诗遵照此篇的结构（两段，第二段仅一句，与第一段诗歌的主体部分剥离）进行布局，保留了庞德发挥创造性所增添的意象。如此，一来可以使读者管窥庞德的创意性翻译，二来使读者得见意象派诗歌的鲜明特色，可谓一举两得，岂不妙哉。

66. Fan-piece, for Her Imperial Lord

O Fan of white silk,
Clear as frost on the grass-blade,
You also are laid aside.

66. 团扇，为君王而作

版本一：
新裂齐纨素，
鲜洁如霜雪。
弃捐箧笥中，
君恩中道绝。

版本二：
白丝裁出团扇，
人夸颜色鲜洁。
纵如草叶流霜雪，
搁置依然决绝。

（荣立宇译）

【翻译说明】

此诗亦有渊源。两汉班婕妤有诗作《怨歌行》，曰：

新裂齐纨素，鲜洁如霜雪。

裁为合欢扇，团团似明月。

出入君怀袖，动摇微风发。

常恐秋节至，凉飚夺炎热。

弃捐箧笥中，恩情中道绝。

庞德留头存尾，舍弃中间，再造出一首新诗。翻译成中文属于回译，这里提供了两种版本。其一回到班婕妤原诗，此为有本回译；其二为抛开原本之回译，注重庞德新作的诗学特征，也展现了他的作品所蕴含的"创造性叛逆"视域下的文化移植。

67. Ts'ai Chi'h

The petals fall in the fountain,
the orange-coloured rose-leaves,
Their ochre clings to the stone.

67. 蔡姬①

当玫瑰花瓣堕入清泉，
橙色的玫瑰叶亦难避免，
却将赭色的轮廓印在石头上面。

（荣立宇译）

---

① 蔡姬：春秋时期人，蔡穆侯之妹，齐桓公夫人。《史记》载有其事，云："二十九年，桓公与夫人蔡姬戏船中，蔡姬习水，荡公，公惧。止之，不止，出船，怒，归蔡姬，弗绝。蔡亦怒，嫁其女。桓公闻而怒，兴师往伐。"

【翻译说明】

诗歌主题取自中国历史人物蔡姬。庞德为人物创造了"玫瑰入水而玫瑰叶将轮廓印在石头之上"的意象。最后一句"Their ochre clings to the stone."与《刘彻》("Liu Ch'e")一首的最后一句"A wet leaf that clings to the threshold."在意象生成方面具有一定的相似之处,"cling to"的使用可谓匠心独运、别开生面。三行诗是中国诗歌传统中少见的类型,译诗为赋予其更多的中国文化格调,特别设置了通韵。

68. Alba

As cool as the pale wet leaves
of lily-of-the-valley
She lay beside me in the dawn.

68. 晨曲①

清冷堪比空谷百合
暗淡、潮湿的叶子。
破晓她躺在我身旁。

（荣立宇译）

---

① 晨曲是法国南部普罗旺斯地区的一种传统抒情诗，多描述情人清晨临别情景。

【翻译说明】

又是一首三行诗。其中的意象"wet leaves"在《刘彻》("Liu Ch'e")一篇中也曾出现，可见这是庞德比较喜欢使用的意象。译诗保留原诗建制，为通顺起见，调整了第一、二两行的布局。

译诗放弃押韵，强调画面的质感，自有一番别样的清幽意境。

69. The Encounter

All the while they were talking the new morality
Her eyes explored me.
And when I arose to go
Her fingers were like the tissue
Of a Japanese paper napkin.

69. 遭遇

他们一直在说着新道德，
她用眼睛打量着我，
我起身要走，
她的手指好似
一包日本纸餐巾的夹层。

（荣立宇译）

【翻译说明】

此首将"她的手指"与"日本纸餐巾的夹层"做比，十分抽象，却很新颖。译诗保留了原诗的结构特征，只在最后两行处进行了语词的微调。

70. Papyrus

Spring······
Too long······
Gongula···

70. 纸莎草

最爱那春光……
永生般漫长……
我的温柔乡……

（荣立宇译）

【翻译说明】

此诗仅三行，连同标题共五个单词。貌似至简，译成汉语，仿佛并非难事。然而，该作品有来历，其渊源来自萨福（Sappho）的残篇95。萨福的这首诗每行残缺不全，只剩下最初的字。历史上对这些词汇的解读众说纷纭、莫衷一是。该首是庞德对萨福残稿的解读和翻译。对诗歌翻译来说，只译词汇，仅为下品；译出诗意，方为佳作。译诗在词汇层面对于中国文学经典多有借鉴，可以说处处有出处，"最爱那春光"来自经典歌曲《春光美》，"永生般漫长"来自张爱玲的名言："悠长得像永生的童年，相当愉快地度日如年……""我的温柔乡"出自《红楼梦》"昌明隆盛之邦，诗礼簪缨之族，花柳繁华地，富贵温柔乡"。同时令三行结尾谐韵，更有汉诗味道。

71. "Ione, Dead the Long Year"

Empty are the ways,
Empty are the ways of this land
And the flowers
      Bend over with heavy heads.
They bend in vain.
Empty are the ways of this land
      Where Ione
Walked once, and now does not walk
But seems like a person just gone.

71. "厄俄涅① 此去经年"

万径灭了人踪，太空空。
百花颔首低垂，终无用。
经临处，今安在？梦魂中。
恰似一人离去，再难逢。

（荣立宇译）

---

① 厄俄涅是希腊神话中的海滩女神。

【翻译说明】

应该说，使用旧体诗词来翻译英美诗歌，虽称不上主流，却颇可提供一种译诗的风味和可能。此处译者使用了中国古典文学中"词"的体制（词牌为"乌夜啼"），如此做并非刻意而为之，而是基于对原诗诗意的充分思量与考究。译者认为，此首比较适合剪裁成"乌夜啼"词牌的体制，同时不会损害原诗诗意。这种信手拈来的"化境"手法权作偶尔一为，但也未尝不是一种因地制宜的艺术尝试。

72. Tame Cat

"It rests me to be among beautiful women.
Why should one always lie about such matters?
I repeat:
It rests me to converse with beautiful women
Even though we talk nothing but nonsense,

The purring of the invisible antennae
Is both stimulating and delightful."

72. 家猫

"它让我可以在脂粉队里嬉戏流连，
为何人们对这种事总是满嘴谎言？
我经常说：它让我能够与美娇娥说地谈天，
即使我们聊的不过是废话连篇。
看不见的触角正在那咕噜不断，
既让人心旷神怡，又让人倍感新鲜。"

（荣立宇译）

【翻译说明】

　　猫和狗相较，更多地也不可避免地与女性特质、小资情调发生一些关联，诸如慵懒的闲适、孤独的高贵等行为品质也往往是猫给人们带来的直观感觉。译诗在选词方面十分考究，"脂粉队""美娇娥"等颇有文学渊源，这些词的使用增加了译诗的文学色彩；同时译诗在音韵方面也可谓别具匠心，通韵的设置在某种程度上营造出译诗的音乐情调，从而与汉诗特有的唱词般的韵律呼应起来。

73. L'art, 1910

Green arsenic smeared on an egg-white cloth,
Crushed strawberries! Come, let us feast our eyes.

73. 艺术 1910

蛋白色的布面上胡乱涂抹着砷绿，
和碎草莓！来吧，让我们大饱眼福。

（荣立宇译）

【翻译说明】

原诗体制简短，仅有两行，然而格律颇为考究，是规整的抑扬格五音步。译诗以每行五个汉语节奏"顿"来翻译，在移译诗意的同时，再现了原诗的格律。

74. Simulacra

Why does the horse-faced lady of just the unmentionable age
Walk down Longacre reciting Swinburne to herself, inaudibly?
Why does the small child in the soiled-white imitation-fur coat
Crawl in the very black gutter beneath the grape stand?
Why does the really handsome young woman approach me in
   Sackville Street
Undeterred by the manifest age of my trappings?

74. 幻象

为什么，那位年龄不难揣，长着一张马脸的女士，
走在朗埃克大街上，嘴里还默念着斯温伯恩的诗行？
为什么，那个穿着人造皮毛外套的小孩，身上的白色弄得很脏，
却还要在葡萄架下的污水沟里爬下爬上？
为什么，那位着实年轻貌美的女郎，在萨克维尔街向我走来，
并未受到我身上破烂衣装的影响？

（荣立宇译）

【翻译说明】

此首诗歌六行，实为三问；只问不答。或是有疑而问之，是为疑问句；或是无疑而问之，是为反问句；或是有疑无疑之间而问之，疑问、反问不得求，或者兼而有之，在精神气质上则颇有些屈原"天问"的意思了。译诗保留了原诗丰富的意象，如"长着一张马脸的女士""穿着人造皮毛外套的小孩""着实年轻貌美的女郎"等，同时改造了原诗的韵脚，将无韵体改造为通韵的韵式，读来朗朗上口、节奏流畅，同时音韵的贯通也起到串联三问的语气抬升作用。

75. Women before a Shop

The gew-gaws of false amber and false turquoise attract them.
"Like to like nature": these agglutinous yellows!

75. 橱窗前的女郎

假松石，假琥珀，这些便宜货吸引住她们的目光，
"物以类聚，人以群分"：这些别具黏性的蛋黄。

（荣立宇译）

【翻译说明】

小诗首句生动地暗示了橱窗前女郎的神态，末句对这种场景进行了诗意的关照，语言轻盈，略带俏皮。值得特别注意的是诗中意象叠加的手法，橱窗前的女郎被便宜货吸引住了，仿佛被蛋黄给粘在了商品那里。译诗需要留意原诗修辞的再现。译诗韵脚的设置则是为了达到音律明快的诵读效果。

76. Epilogue

O Chansons foregoing
You were a seven days' wonder.
When you came out in the magazines
You created considerable stir in Chicago,
And now you are stale and worn out,
You're a very depleted fashion,
A hoop-skirt, a calash,
An homely, transient antiquity.
Only emotion remains.
Your emotions?
Are those of a maitre-de-cafe.

76. 尾声

呵，早年间的那些香颂，
你们曾带给世人七天的惊艳。
刚从杂志里流传开来，
你们在芝加哥引发了热潮狂澜。
现如今，你们却成了陈腔滥调，
沦为落伍的风潮。
犹如装着裙环的裙子，
折篷式大兜帽，难看的，
过气的古玩。
只是情绪依然。
是你们的余韵？
抑或是咖啡馆老板的装点。

（荣立宇译）

【翻译说明】

　　所谓"香颂"者，是"chanson"的音译，乃法国通俗歌曲和情爱流行歌曲的泛称。尼采曾对"香颂"有过这样的评价："上帝独独只把天使的语言留给了法国人。谁说香颂不是天堂的圣音呢？人们爱它的柔情似水，爱语呢哝；恋它的浪漫情愫，朦胧慵懒。永远都是悠悠慢慢，缠缠绵绵，扯着时光的衣裙，点上丝丝意蕴。听着，唱着，在如梦似幻中舞乱了脚步身影。"这评价颇能抓住此类歌曲的精髓。原诗为自由体，译诗刻意安排了韵脚，从气质上更加贴合"香颂"的乐感和情调。

77. The Tea Shop

The girl in the tea shop
          Is not so beautiful as she was,
The August has worn against her.
She does not get up the stairs so eagerly;
Yes, she also will turn middle-aged,
And the glow of youth that she spread about us
          As she brought us our muffins
Will be spread about us no longer.
          She also will turn middle-aged.

77. 茶坊

茶坊女郎再不似从前漂亮，
八月的风雨暗淡了她的容妆。
她不再急切地走上楼来，
是啊，她也终将变成半老徐娘。
记得每次她为我们献上松饼，
周身散发着青春的光芒。
如今这光芒已不知所踪，
她也终于变成半老徐娘。

（荣立宇译）

【翻译说明】

此诗感慨茶坊女郎的美貌终于抵不住时光无情的消磨，可以与屈原《离骚》"惟草木之零落兮，恐美人之迟暮"相互印证。原诗无韵脚，译诗设置了通韵，既能将诗歌节奏前后贯通起来，又能强化吟诵时的韵律感。

78. Epitaphs

Fu I

Fu I loved the high cloud and the hill,
Alas, he died of alcohol.

Li Po

And Li Po also died drunk.
He tried to embrace a moon
In the Yellow River.

78. 墓志铭

傅奕

傅奕，
青山白云人也，
因酒醉死，
呜呼哀哉。

李白

李白，
亦因酒而亡，
为圆揽月梦，
捐躯黄河中。

（荣立宇译）

【翻译说明】

两篇墓志铭乃庞德为中国古代两位饮酒而亡的诗人所作，所谓"怅惘千秋一洒泪，萧条异代不同时"。描述见解，感慨颇多。为了凸显墓志铭这种文体的庄重，译诗使用了较为文雅的措辞和句式。如"……（者），……也""呜呼哀哉"等。为李白所作的最后两行凑成五言一联，则是为了彰显李白的诗人身份。

79. Ancient Wisdom, Rather Cosmic

So-Shu dreamed,
And having dreamed that he was a bird, a bee, and a butterfly,
He was uncertain why he should try to feel like anyting else,
Hence his contentment.

79. 古人智慧，亦大道

庄生迷梦，梦见自己，
化鸟，化蜂，化蝶，
不晓得为何总要化他物，
只知道如此很满足。

（荣立宇译）

【翻译说明】

　　"So-Shu"是"庄子"一词在日语里的发音。这首诗由"庄周梦蝶"典故化出。《庄子·齐物论》中有如此描述："昔者庄周梦为蝴蝶，栩栩然蝴蝶也。自喻适志与！不知周也。俄然觉，则蘧蘧然周也。不知周之梦为蝴蝶与？蝴蝶之梦为周与？周与蝴蝶则必有分矣。此之谓物化。"翻译的时候要避免翻译腔（如将"a bird""a bee""a butterfly"分别译成"一只鸟""一只蜜蜂""一只蝴蝶"），语言的精练既是对汉语特色的回归，又可以赋予译文些许古意。

80. The Three Poets

Candidia has taken a new lover
And three poets are gone into mourning.
The first has written a long elegy to "Chloris",
To "Chloris chaste and cold", his "only Chloris".
The second has written a sonnet
Upon the mutability of woman,
And the third writes an epigram to Candidia.

80. 仨诗人

堪迪纳有了新情人，
惹得仨诗人伤了神。
第一位，作挽歌，
致"虎尾草"，
致"贞洁冷漠的虎尾草"，
他"唯一的虎尾草"，
真是够啰嗦；
第二位，作商籁，
就女人善变发感慨；
第三位，作了一首讽刺诗，
极尽嘲讽之能事。

（荣立宇译）

【翻译说明】

这首小诗颇有打油诗的况味，言辞幽默，语调诙谐，对所谓的“仁诗人”极尽嘲讽之能事。这令人联想到鲁迅所作同样具有讽刺效果的打油诗《我的失恋》，读者不妨将二者两相参照，互为印证。译诗在语词选择、韵律布局上趋向通俗语体，更重视打油诗特征的再现、幽默讽刺效果的传达，以便于内在韵味上达到与原诗的神似。

附：我的失恋——拟古的新打油诗

鲁　迅

我的所爱在山腰；
想去寻她山太高，
低头无法泪沾袍。
爱人赠我百蝶巾；
回她什么：猫头鹰。
从此翻脸不理我，
不知何故兮使我心惊。

我的所爱在闹市；
想去寻她人拥挤，
仰头无法泪沾耳。
爱人赠我双燕图；
回她什么：冰糖壶卢。
从此翻脸不理我，
不知何故兮使我糊涂。

我的所爱在河滨；
想去寻她河水深，
歪头无法泪沾襟。
爱人赠我金表索；
回她什么：发汗药。

从此翻脸不理我，
不知何故兮使我神经衰弱。

我的所爱在豪家；
想去寻她兮没有汽车，
摇头无法泪如麻。
爱人赠我玫瑰花；
回她什么：赤练蛇。
从此翻脸不理我。
不知何故兮——由她去罢。

以上译自 *Lustre*（*1913—1915*）

81. Pagani's, November 8

Suddenly discovering in the eyes of the very beautiful
Normande cocotte
The eyes of the very learned British Museum assistant.

81. 在帕加尼，11 月 8 号

那位来自诺曼底的风尘女倾国倾城，
这位大英博物馆的男助理学识出众，
一霎时从她的双眸里发现他的眼睛。

（荣立宇译）

【翻译说明】

原诗为三行诗。前后两处很长的后置定语，翻译中不好处理，若不做变通，译诗容易变成散文。译者通过先叙述、后评价的结构，利用"那位""这位"的变换指代，将后置定语的安置问题解决，同时选用的通韵也令译诗富有情致，意味隽永。

82. Brennbaum

The sky-like limpid eyes,
The circular infant's face,
The stiffness from spats to collar
Never relaxing into grace;

The heavy memories of Horeb, Sinai and the forty years,
Showed only when the daylight fell
Level across the face
Of Brennbaum "The Impeccable".

82. 布伦鲍姆

天空一般清澈的眼睛，
婴儿一般的圆圆脸型，
护脚到衣领无不笔挺，
时刻警醒，毫不放松。

每当日光倾洒下来，
记忆深处的何烈山①、西奈以及那四十年的光景，
便会在无暇的布伦鲍姆
的脸庞上直叙铺平。

（荣立宇译）

---

① 何烈山，即西奈山，埃及西奈半岛中南部的山峰。此处暗含了《圣经》中所讲的"出埃及记"内容元素。

【翻译说明】

诗中有很多专有名词，不译断然不可，译出来又拖沓生硬。从无韵诗到通韵的改造与生成，颇费了些许思量。特别是"Never relaxing into grace"，译作"时刻警醒，毫不放松"，虽然多少有些因韵害义，但此番处理既能传情达意，又可与上句形成句式、音韵的连贯。

主要参考书目

1. Brooker, Peter. 1979. *A Student's Guide to the Selected Poems of Ezra Pound.* London: Faber & Faber.

2. Nadel, Ira B., ed. 1999. *The Cambridge Companion to Ezra Pound.* Cambridge: Cambridge University Press.

3. Pound, Ezra. 1948. *Selected Poems.* Edited by T. S. Eliot. London: Faber & Faber.

4. Pound, Ezra. 1990. *Personae: The Shorter Poems of Ezra Pound.* Edited by Lea Baechler & A.Walton Litz. New York: New Directions Publishing Corporation.

5. ［爱尔兰］叶芝. 2017. 丽达与天鹅：叶芝诗选. 裘小龙，译. 成都：四川文艺出版社.

6. ［德］尼采. 2017. 悲剧的诞生. 孙周兴，译. 北京：商务印书馆.

7. ［德］瓦尔特·本雅明. 2013. 巴黎，19 世纪的首都. 刘北成，译. 北京：商务印书馆.

8. ［法］夏尔·波德莱尔. 2013. 美学珍玩. 郭宏安，译. 上海：上海译文出版社.

9. ［法］夏尔·波德莱尔. 2018. 恶之花. 郭宏安，译. 北京：商务印书馆.

10. ［古罗马］阿普列乌斯. 2012. 金驴记. 刘黎亭，译. 南京：译林出版社.

11. ［古罗马］卡图卢斯. 2008. 卡图卢斯《歌集》拉中对照译注本. 李永毅，译注. 北京：中国青年出版社.

12. ［美］艾米丽·迪金森. 2013.迪金森诗歌精译 200 首. 王宏印，译. 天津：南开大学出版社.

13. ［美］庞德，等. 2009. 众树歌唱：欧美现代诗 100 首. 叶维廉，译. 北京：人民文学出版社.

14. ［美］T. S. 艾略特. 2000. 荒原. 赵萝蕤、张子清，译. 北京：人民日报出版社.

15. ［英］彼得·琼斯，编. 2015. 意象派诗选. 裘小龙，译. 重庆：重庆大学出版社.

16. 曹雪芹，高鹗. 2005. 红楼梦. 北京：人民文学出版社.

17. 陈敬容. 2000. 辛苦又欢乐的旅程：九叶诗人陈敬容散文选. 北京：作家出版社.

18. 黄灿然. 2006. 粗率与精湛. 读书，（7）：146—157.

19. 蒋洪新. 2014. 庞德研究. 上海：上海外语教育出版社.

20. 鲁迅. 2005. 鲁迅全集. 北京：人民文学出版社.

21. 骆玉明解注，［日］细井徇撰绘. 2018. 诗经. 西安：三秦出版社.

22. 木心. 2007. 我纷纷的情欲. 桂林：广西师范大学出版社.

23. 屈原等. 2019. 楚辞. 西安：三秦出版社.

24. 王家新. 2017. 翻译的辨认. 上海：东方出版中心.

25. 张爱玲. 2001. 张爱玲典藏全集. 台北：皇冠文化出版有限公司.

译后记

2019 年 12 月 17 日，王宏印先生溘然离世，与世长辞，留下了一个长长的待出版书籍的清单、一部部待出版的书稿，和他从美国加州书店淘到的一些谜一般的研究书籍。先生走后，在师母的统筹安排之下，已经顺利出版了《诗品文心——唐末高士司空图：生平、诗文与〈诗品〉翻译研究》和《〈阿诗玛〉英译与回译：一个人类学诗学的回译个案》两部著作。这部《庞德诗歌精译》是计划中的第四本（第三本《叶芝诗歌精译》同期出版）。它属于南开大学出版社"英语诗歌名家精品精译"系列丛书，是先生生前与南开大学出版社联手策划的。但是跟此前的书不同，这本书先生只翻完了 13 首。因此师母考虑到同门中我和荣立宇师兄主要从事诗歌翻译研究，联系了我俩继续选译庞德的诗歌，共同完成导师未竟的翻译工作。就是在这样的背景之下，我和立宇师兄怀着一种使命感和对诗歌的热忱，接受了翻译庞德诗歌的任务。

庞德（Ezra Pound, 1885—1972）是美国最重要的现代派诗人之一，卓越的诗歌活动家和评论家，意象派诗人的杰出代表。他提出了系统的意象派诗歌主张，后来转向"漩涡"理论。同时，他对东方哲学和中国诗歌有浓厚兴趣，翻译了若干中国古典诗歌。其主要作品有诗集《面具》（*Personae*）、《华夏集》（*Cathay*）、《仪式》（*Lustra*）、《休·赛尔温·莫伯利》（*Hugh Selwyn Mauberley*）、《诗章》（*The Cantos*）等。目前国内对庞德的翻译和研究主要集中在《华夏集》和《诗章》，对其早期的诗作似乎有所忽略，只有少量的译作散落于一些诗歌选本中，并且多有重合（可参见叶维廉译《众树歌唱：欧美现代诗 100 首》、裘小龙译《意象派诗选》和赵毅衡译《美国现代诗选》）。诚如艾略特所言，"庞德的诗作不仅比我们通常认为的要丰富多变，并且还呈现出了一种持续的发展"。因此，要更好地理解庞德，这些早期诗歌不容忽视。本部《庞德诗歌精译》以艾略特编选的《庞德诗选》（Pound, Ezra. 1979. *Selected Poems*. Edited by T. S. Eliot. London: Faber & Faber.）为底本，主要选译了庞德的早期短诗，共82 首，其中很多诗歌都是首译，以期为读者更好地理解意象派诗歌理念、深入了解庞德的诗歌发展轨迹甚至其后期的重要诗作《诗章》提供线索和帮助。

从目录的编排上来说，本书按照译者的顺序排列，而每位译者名下的诗歌则按照所选原诗集出版的先后顺序排列；翻译风格上，我和立宇师兄同先生的译诗理念一脉相承，但又各有侧重。体例上，这本书沿袭了丛书的风格，由序言、原诗、译诗、翻译说明和注释构成。这种安排体现了王宏印先生一贯的学者型翻译的特点。由于庞德诗歌晦涩难懂，同时又常与古典诗歌存在互文，所以在条件允许的情况下，我们采用了注释的形式补充了一些典故和背景介绍，以帮助读者更好地理解原诗；而翻译说明部分则是译者的翻译心得，就翻译中的重点和难点进行解释，旨在和读者展开对话，希望可以对翻译爱好者有所启迪。

如果说，这些副文本是在译者和读者间搭起的一座交流的桥梁，那么这本书的完成过程则是我们和恩师之间难得的一次跨越时空的对话。我在翻译的时候时常会想起和先生谈诗的日子。他爱诗歌如同爱生命，每次说起诗歌的时候，我感到他的眼睛里满是亮光，似乎整个人都在熠熠发光。那是诗歌的力量，是诗歌同生命共振的模样。在先生去世前的一个月，他还通过微信从大洋彼岸和我分享其诗歌新作，在他弥留之际的病榻前，他让我给他读穆旦翻译的普希金的诗《假如生活欺骗了你》，来表达他对我的鼓励和嘱托。诗歌是我和恩师心灵交流的方式，在恩师去世近三年的今日，我们终于将他心爱的、没能译完的诗歌结篇交工，没有比这更好的方式来怀念他，追忆他，来寄托我们的哀思了。

所以，感谢这本书，感谢促成这本书出版的所有的人。感谢师母刘黎燕女士对我的信任，将如此重大的任务交给我，同时在翻译过程中给予我有力的支持和鼓励；感谢立宇师兄在携手合作中的支持、鼓励和指点；感谢南开大学出版社的编辑们为此书的出版所付出的努力；感谢天津商业大学图书馆王宏波老师在庞德研究资料搜集方面给予的热忱帮助！感谢购买这本书的读者，对庞德的爱，对诗歌的爱，或对先生的爱令我们相遇，希望这本小书可以给爱诗者带来慰藉或启迪，不足之处恳请包涵、批评、指正。

杨森
2022 年 7 月于天津